経営戦略としての「健康経営」

従業員の健康は
企業の収益向上につながる!

編著
山野美容芸術短期大学特任教授
新井 卓二
法政大学ビジネススクール教授
玄場 公規

合同フォレスト

この本を最愛なる息子（1歳）に捧げる。
きみが二十数年後、働くであろう社会では、
「健康経営」が当たり前になっていることを願う。
そして、100歳を超えても
〝健康〟に過ごすことを、妻と共に切に願っている。

新井　卓二

※「健康経営®」は、NPO法人健康経営研究会の登録商標です。

はじめに　健康経営ブームと今後の課題

「健康経営」という言葉を聞いたことはあるでしょうか？　企業における新しい経営手法として注目されており、日本政府の「日本再興戦略」（２０１４年〜）、「未来投資戦略」（２０１７年〜）に位置づけられた「国民の健康寿命の延伸」に関する取り組みの一つとして、政府内の主に経済産業省が推進しています。

「健康経営」とは、所管する経済産業省によると「従業員の健康保持・増進の取組が、将来的に収益性等を高める投資であるとの考えの下、健康管理を経営学的な視点で考え、戦略的に実践すること」と定義しています。つまり「企業で働いている従業員の健康状態が良好でなければ、会社業績は向上しない」という概念となります。この概念を、企業や組織において実践する経営手法が「健康経営」となり、具体的には、働いている人や環境等に対し、法律で義務づけられている以上の健康投資が求められています。

「企業で働いている従業員の健康状態が良好でなければ会社業績が向上しない」と書くと、当たり前と言えばそのとおりで、企業において働いている従業員は、古くから大切な資産であり、また利益の源泉であり、また人財（材）と言われるほど重要でもあり、当然従業員の健康は、企業にとって、大切な経営項目の一つでした。

ではなぜ、近年「健康経営」と言われ始めたのでしょうか？

まず法律の流れから見ていきましょう。古くは、鉱山や潜水等の仕事に従事していた従業員の健康状態は、その企業や組織において死活を決める大切な経営項目でした。そして働いている従業員を危険から守るため、そして労働災害の防止のため、労働基準法と相まって、１９７２年に労働安全衛生法が施行されました。同法の施行によって、単に法律で定める労働災害の防止のための基準を守るだけでなく、快適な職場環境の実現と労働条件の改善を通じて、職場における労働者の安全と健康を確保するようにしなければならないことになりました。さらに、労働安全衛生法は時代に合わせて改正され、２０１５年にはストレスチェック制度が義務化され、労働者のメンタルも健康状態に含めることになりました。このように従業員の健康の範囲は、労働災害の防止から始まり、身体やメンタル、健康増進まで拡大し、企業に対し従業員の健康が課せられてきました。

次に企業で働く従業員の動向から見ると、働く人口（生産年齢人口／15～64歳）は、戦後一貫して増え続けていましたが、１９９５年の８７２６万人をピークに減少に転じました。その後、ＩＴや技術革新により生産性の向上が図られ、さらに65歳以上の働き手の増加、女性の就業者の増加等で、働き手の減少スピードは緩やかなものとなりました。しかし、２０１５年以降の年少（15歳未満）人口の減少や、共働き世帯の増加により生産年齢人口の減少スピードは速まり、ますます働き手の総数が減っていくことが予測されています。

一方、働き手から見ると、労働基準法や関連法令を守らず、従業員に長時間労働やサービス残業などを強制する企業をさす「ブラック企業」という言葉が認知されるようになりました。これにより求職者、特に大学生からはブラック企業の情報がＳＮＳ等で拡散され、就職を避ける傾向がみられました。また、ブラック企業の対義語であるホワイト企業を探す動きも現れ、健康経営アワードの一つである健康経営優良法人（大規模法人部門）は、「ホワイト５００」（２０２０年から変更予定）とも呼ばれ、認定企業はホワイト企業として認知され始めています。

そしてもう一つ、経営面でも意識の変化がありました。それは、従来の「従業員の代わりはいくらでもいる」という考え方からの変化です。知名度が高い企業では、就職希望者が多いため、健康状態が不調に陥った従業員がいても、すぐに労働市場から労働者を雇うことができていました。

しかし、うつ病等の精神疾患の病気により、元気に働けなくなる従業員が増えると同時に、昨今の景気拡大も相まって、そうした企業でさえも、深刻な人手不足（働き手・従業員不足）が発生しました。またブラック企業としての悪評を得ると、労働者の採用が困難になり、雇用コストが増加するだけでなく、離職率も高まるようになってきました。結果、ブラック企業を含め全企業にとって、現在働いている従業員の貴重性が高まってきました。さらに、従業員を大切にしている企業は、自社のブランドイメージを上げ、採用につながる動きも現れてきました。

これらの、法律の改正や労働人口の減少、ブラック企業の認知といった社会的背景、加えて企業側の意識の変化もあり、近年特に「健康経営」の重要性が高まり、具体的な取り組みが始まってきました。

２０１９年度の「健康経営アワード」[1]において「健康経営優良法人ホワイト５００（大規模法人部門）」で、全上場企業（３６６０社）の23％の８５９法人と、非上場９４１法人が参加し、８２１法人が認定されました。法律で義務化されていない制度としては、類を見ない普及といえるでしょう（表１）。

取り組み企業が、全上場企業の23％を超えたということは、図１のとおりロジャーズ氏が提唱したイノベータ―理論によると、キャズム（別名死の谷。16％）を越え、普及期を迎えました。つまり「健康経営」に取り組まないと時代遅れと言われるほど、上場企業を中心にブームとなり浸透してきました。今後は中小企業も含め日本の全企業に対し普及していくものと思われます。

ブームの反面、健康経営の研究者として、今後のさらなる普及についていくつか課題も見つかってきました。まず既存学術学会による学術論文の少なさです。つま

表１　健康経営アワード（表彰制度）の認定数

年度	健康経営銘柄[2]	健康経営優良法人ホワイト500（大規模法人部門）	健康経営度回答企業数	健康経営優良法人（中小規模法人部門）
2015	22	—	493	
2016	25	—	573	
2017	24	235	726	318
2018	26	539	1239(718)	776
2019	37	821	1800(859)	2503

（筆者作成）

りエビデンスがないことです。「健康経営」はアメリカの事例を参考に、日本に導入されてきましたが、日本での実証や検証は少なく、さらに学術論文においては数えるほどしかありません。これは、「健康経営」が、「健康」分野と「経営」分野をまたぐため、既存の学術学会では対応が難しいからであろうと推察します。

次は、ブームによってできた団体や協会等の活動の縮小または停止です。２０１５年からさまざまな団体や協会ができました。最初は華々しく活動していましたが、その後残念ながら続かない団体や協会も出ています。さらに、「健康経営」に取り組む企業が増えたため、「健康経営」に資するサービスやモノを開発・提供する企業からも、見込んでいたほど利益が上がらないと悩み、縮小や撤退するところがでてきました。

もう一つ、「健康経営」を管轄・推進する省庁への依存もあげられます。省庁からの委託事業への依存や、委託事業が終了すると同時に活動を停止する団体や協会が出てきており、継続性に疑問を呈してきました。

加えて、初めての不景気の到来もあげられます。過去には不景

図１　イノベーター理論の図

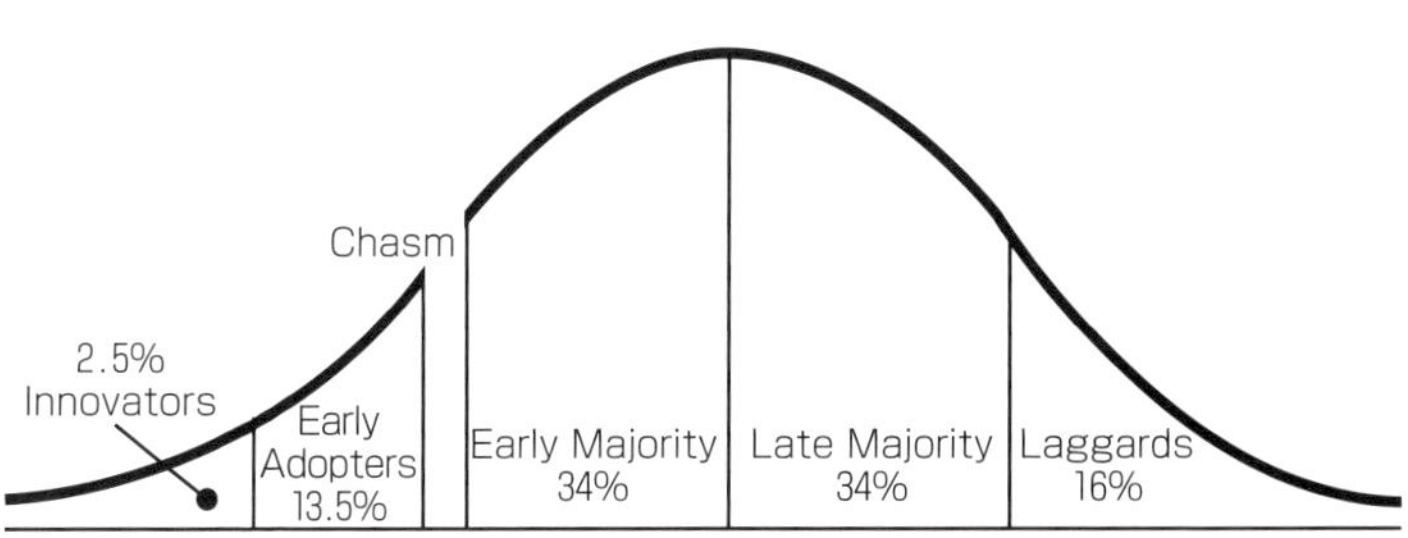

（筆者作成）

気になると、広告宣伝費と共に法定以上の制度や福利厚生費が真っ先に削減の対象となってきました。「健康経営」の顕彰制度が始まった2015～2019年まで、景気は戦後最長の拡大を続けてきましたが、制度開始以来、初めての景気後退局面を迎えることとなり、「健康経営」の普及が正念場を迎えることになりそうです。

本書では、第1章で、基礎となる経営戦略の歴史から最新の経営手法（CSV経営等）や現在企業に求められているSDGs等の「戦略」、そして「イノベーション」について紹介します。第2章では、「健康経営」の歴史やブームの立役者ともいえる経済産業省の〝取り組み〟を紹介します。第3章では、労働衛生の延長としてとらえられることの多い「健康経営」を、「経営戦略」の視点で紐解きます。第4章では、「健康経営」の実証や最新の研究の成果を紹介します。そして第5章では、取り組み1年で「健康経営優良法人ホワイト500（大規模法人）」に認定された株式会社富士通ゼネラル、2019年「健康経営銘柄」に初選定されたヤフー株式会社、「健康経営銘柄」の制度開始から5年連続で選ばれているSCSK株式会社の3社を紹介します。

また、「健康経営」というワードが誕生する以前から取り組まれてきた株式会社フジクラに、パイオニアならではの視点で「健康経営」取り組みのプロセスについてアドバイスをいただきました。「おわりに」では、筆者なりの問題解決策や今後の普及策、そして日本の国力として「健康経営」の位置づけを提示します。

本書は、「健康経営」を初めて経営学的にとらえた書籍となります。そして日本で初めて学術的なエビデンスをもって、「健康経営」の期待される効果や実証結果を紹介していきます。

残念ながら健康経営の取り組みの歴史は浅く、まだ表れていない、または感覚値として効果はあるが測定できていない項目もあります。今後、さらに多くの効果が実証されていくなかで、本書がその一助となれば幸いです。また現在働いている皆様のためにも、未来に働く子どもたちのためにも、今後、健康経営が企業にとって当たり前（基本）の経営手法になっている世の中を信じています。

最後に、「健康経営」は、一つの経営手法です。つまり、他の経営手法を採用し、「健康経営」に取り組まなくてもかまいません。ただ本書を読み終わる頃には、取り組まないと、これから訪れる不景気を乗り切れない、または会社存続のために必要な経営手法だと思っていただけるはずです。ぜひ最後までお付き合いください。

新井　卓二

注
1　日本健康会議と経済産業省の共催で、健康経営に取り組む企業の顕彰や健康経営促進のためのディスカッションを行うことを目的に、2019年2月21日に開催。
2　2015～2018年までは1業種1社、またROE（自己資本利益率）等基準があったが、徐々に緩和され2019年からは1業種1社以上認定できる制度へ変更された。

◎もくじ

第3章 戦略としての「健康経営」

第4章 投資効果を上げる健康経営の取り組み

5　「働き方改革」との関係　147

第5章　最新の「健康経営」取り組み事例

1　株式会社富士通ゼネラル（健康経営推進室 室長　佐藤光弘）　155
2　ヤフー株式会社（グッドコンディション推進室　川村由起子）　175
3　ＳＣＳＫ株式会社（ライフサポート推進部 副部長　杉岡孝祐）　191

健康経営のパイオニアが指南する実行プロセスの手引き
株式会社フジクラ（ＣＨＯ補佐）兼
株式会社フジクラ 健康社会研究所（代表取締役　浅野健一郎）　203

おわりに　健康経営が当たり前の社会へ　214

第1章

経営戦略の流れからみる健康経営

1 企業における戦略

◎戦略とは

本章では、健康経営が従業員の健康のため、あるいは社会の要請に応えるためだけでなく、導入した企業の重要な経営戦略の一つとなることを提示したいと考えています。ここでのキーワードは、「戦略」、そして、「イノベーション」です。

すでに日本の企業においても、いろいろな戦略が立案されています。また、イノベーションを創出するためにさまざまな努力がなされています。もちろん、それはそのとおりですが、本来の「戦略」の定義を理解すれば、必ずしも十分な戦略を立案・実行している企業は多くないことがわかります。また、イノベーションには技術開発が必要で、非製造業には関係ないと考えている人も多いですし、健康経営のような活動がイノベーションに結びつかないと考えている人もいるかと思います。

まず本項では、戦略について説明していきます。当たり前ですが「戦略」とは、具体的な競争相手を想定して、その相手よりも優位になる（競争優位と言います）ことを目的として、立案・実行されるものです。

ただ、実務的には具体的な競争相手を想定していない、あるいは「わからない」戦略が数多くあります。端的な例としては、行政機関や業界団体において、「戦略」という言葉が付けられた報告書や指針が多数提示されています。もちろん、これらの重要性を否定するものではありませんが、これらのほとんどは、競争相手を具体的に想定した「戦略」ではなく、将来の「政策ビジョン」の提示、あるいは「業界動向」を調査した報告書などになっていることが多いのが実情です。また、企業においても、経営戦略や技術戦略などが立案されていますが、具体的な競争相手を想定せずに将来の「事業計画」の詳細を述べたものなどが多いと考えられます。

◎差別化が重要

より重要なこととして、競争相手と同じことをしていては、競争優位を確立することは難しいとされています。なぜならば、競合企業と同じ製品やサービスを提供していれば、顧客は、できるだけ安いものを選ぶことになります。いわゆるコスト競争となり、自社も競合企業も十分な収益を確保することができないからです。

そのため、戦略とは、競争相手と異なる何かしらの差別化を目的に、自社の資源を集中することが必要不可欠とされています（Porter，1996）。ただし、そのためには、明確な指針がなければなりません。

以上をまとめると、戦略とは「競争相手に対して競争優位を確立するために、何をすべきかを明示した指針」であると言えます。従来、日本の企業には「戦略がない」と指摘されてきました（Porter，

1996）。競合他社と同じ目標を掲げている企業が多く、差別化を目的とした企業活動がほとんど行われていないというのが、その理由です。この点、確かに、１９９０年代までの日本企業においては、あえて差別化を意図しなくても十分な収益性を確保できたため、戦略は必要ない、あるいは、少なくとも戦略の重要性は低いという考え方も可能であったかもしれません。

ただしそれは、日本経済の高度成長期という、ある意味恵まれた時代であったからだと考えられます。戦後の高度成長期の日本企業の競争相手は、すでに先進国となっていた欧米各国の優れた企業が想定されていて、これらの企業に追いつくことが日本の目標でした。そのため、具体的な戦略課題として、欧米企業に比べてより性能が高く、より安い製品を提供することを主眼に置かれていました。

競争相手が明確で、戦略課題も自明であったため、日本企業には戦略が必要なかったというよりも、あえて戦略を考えなくても、戦略的な行動が可能であったのかもしれません。さらに言えば、本来、身近な競争相手であった日本国内の同業他社は、欧米企業という同じ競争相手をもつ同志であるとさえ考えられていました。そして、確かによりよい製品やサービスを、より安く提供することで、日本企業は十分な成長・収益性を確保できました。

しかしながら、今は時代が大きく異なります。日本企業はすでに欧米企業に追いつき、いわゆるフロントランナーとなりました。そのため、まずは明らかな競争相手を想定しなければなりません。国内の企業なのか、欧米の企業なのか、あるいは新興国の企業なのか、それぞれ業界ごと、企業ごと、あるいは事業部ごとに異なる競争相手がいます。業界が同じであっても、企業ごと、あるいは事業部ごとに、競争相手を設定し、その相手に対して差別化を目標とする戦略を考える必要が出てきたと言えます。

以上のように戦略とは、競合企業に対する差別化を目的とする指針です。そして、この点が本書の主張になりますが、健康経営が競合相手に対する差別化になる、あるいは差別化の行動のきっかけの一つになりえると筆者らは考えています。逆に、このように考えれば、競合企業が健康経営を導入していないから、自社もやらないという横並びの考え方から脱却し、競合企業が導入していない中で自社が積極的に健康経営を実践することは大きな差別化につながる可能性があるという戦略的な考え方もできます。

2 イノベーション

◎技術革新

今日「イノベーション」という言葉が広く使われるようになりました。イノベーションを創出して、新しい収益源を確立することが企業の大命題であるといわれます。

「イノベーション」という概念を世に広めたシュンペーターは、イノベーションを「知識の新結合」と定義しました（Shumpeter，1912）。ただし「知識の新結合」と聞いて、その内容をイメージできる人は、あまりいないでしょう。そこで、この概念が日本に提唱されるときに「技術革新」と翻訳されました。これはシュンペーターの定義からは少しかけ離れていますが、イノベーションを「技術革新」としても問題はなく、従来多くの辞書にも掲載されています。「技術革新」という言葉からは、新しい技術を開発して、世の中に新しい製品を広めていく、といったイメージがあります。実際に、このような技術革新で世の中が便利になり、また、技術革新を起こした企業の収益は向上しました。

しかし、近年はこれに加えて、新しいサービスや新しいビジネスモデルの創出なども重要なイノベーションと考えられています。新しいサービスや新しいビジネスモデルは、必ずしも新しい技術を必要としません。少なくともその企業は新しい技術を「開発」する必要はなく、「活用」すれば十分なのです。そのため、「技術革新」という定義だけでは、イノベーションを説明できなくなりました。そこで、最近では、イノベーションの定義を広くとらえたほうがよいという考え方が提唱されています。

◎知識の新しい利用

企業は、顧客から収益を得ることを目的としてイノベーションを創出したいと考えています。そして顧客には、解決してほしい何かしらの課題あるいはニーズがあり、それが満たされることへの対価として、お金を支払います。前述のように、もともとイノベーションの定義は「知識の新結合」ですが、知識が結合されることだけでは、顧客がお金を支払うことはありません。結合された知識が顧客の課題解決に結びつくことが不可欠です。

そこで、本書では、イノベーションを「顧客の課題解決のための新しい知識の利用」と定義することにします。

大事なポイントは、健康経営のように当初の目的がイノベーションでなくても、イノベーションを創出する可能性が十分にあるということです。特に、健康経営は従業員の健康が主目的で、顧客の課題解決が直接の目的ではありません。また、顧客に直接働きかける活動ではないため、コストもかかってしまいます。

しかし、健康経営あるいは次節で述べる「環境経営」のように、自社の顧客に直接働きかける活動でなくても、イノベーションを創出し、それにより他社と差別化して競争優位を確立し、最終的に収益向上に結びつけることができるかもしれない、という研究はすでに数多く提示されています。以降、この点を詳細に紹介しましょう。

3 環境経営

◎環境保護をきっかけとしたイノベーション

最近になって注目されるようになった健康経営に対して、環境問題への対応はかねてから企業にとって必要不可欠の課題とされてきました。この点、環境問題への対応は直接顧客に働きかけるものではなく、多くは社会全体に対する貢献活動です。そのため、コストはかかる反面、企業に何ら収益をもたらさないという考え方もできます。

そして、従来の主たる学術的な議論においても、環境問題への対応は必然的に企業のコスト負担を増大させると指摘されてきました。

この主張に立てば、行政が環境規制などによって、環境保護への対応を促すことは企業側の負担となり、企業の国際競争力の低下を招くことになります。そのため、直接規制型の環境政策によって企業に環境保護の活動を強制する手法は望ましくなく、最低限に留めるという考え方になります。これは必ずしも間違ったとらえ方ではありませんが、このような前提に立つと、環境保護への活動は企業にとってはコスト負担のみとなり、どうしても消極的にならざるを得なくなります。

これに対し、企業による環境対応活動をより積極的にとらえ、「環境政策は技術革新を誘発するとともに企業利潤を高める」(Porter and van der Linde, 1995) という主張が提示されました。言い換えれば、「適切な環境政策は企業の国際競争力を高める」ということです。

考え方、とらえ方の問題ではありますが、これは学術的にも実務的にも多くの議論を巻き起こしました。そして今なお、直接規制よりも経済的手法・情報的手法のほうが高い技術革新誘発力を持つかどうか、さらには、環境政策が技術革新の促進を通じて競争力を向上することになるかどうか等について、さまざまな主張がなされ、議論が続いています。

しかし、ここで述べたいのは、確かに企業の環境保護への活動はコスト負担になりますが、その後、コストを上回る利益をもたらすイノベーションに結びついた事例も数多くあるということです。以下では、それを理解するために、実際に日本企業がどのようなイノベーションを創出しているかを紹介します。

◎イノベーションの事例

ここでは、環境保護を目的として、結果的にイノベーションに結びついた事例を紹介します。環境保護活動をきっかけとして、企業がイノベーションを実現し、それによってもたらされる企業競争力との関係をおおまかにパターン化すると、図1－1のようになります。

なお、ここでは、環境政策を企業のイノベーションの出発点としていますが、もちろん、環境政策以外にイノベーションが誘発される要因は数多くあります。環境に関するものだけでも、公害の規制のような直接企業の活動を制限する政策のみならず、一般消費者や市民に向けた普及啓発活動などの間接的な政策もあります。いずれにしても、このような環境政策が環境イノベーションを誘発した一因になった例は少なくありません。

例えば、地球温暖化はよく知られている環境問題ですが、温暖化のメカニズムや防止策の重要性などを広く一般に普及させることも重要な環境政策の一つとなります。このような普及啓発は企業の省エネルギー対策や温暖化防止技術の研究開発のきっかけとなり、それによって、さまざまなイノベーションが促進されていると考えられます。

このようなイノベーションが実現することによって、大きく分けて、2種類の効果を及ぼすと考えられます。一つは直接の目的である環境負荷の低減（企業内部への効果）、もう一つは環境市場の創出（企業外部への効果）です。もちろん、この二つの効果が同時にもたらされるイノベーションも存在します。

図1-1　環境政策をきっかけとするイノベーションのパターン化

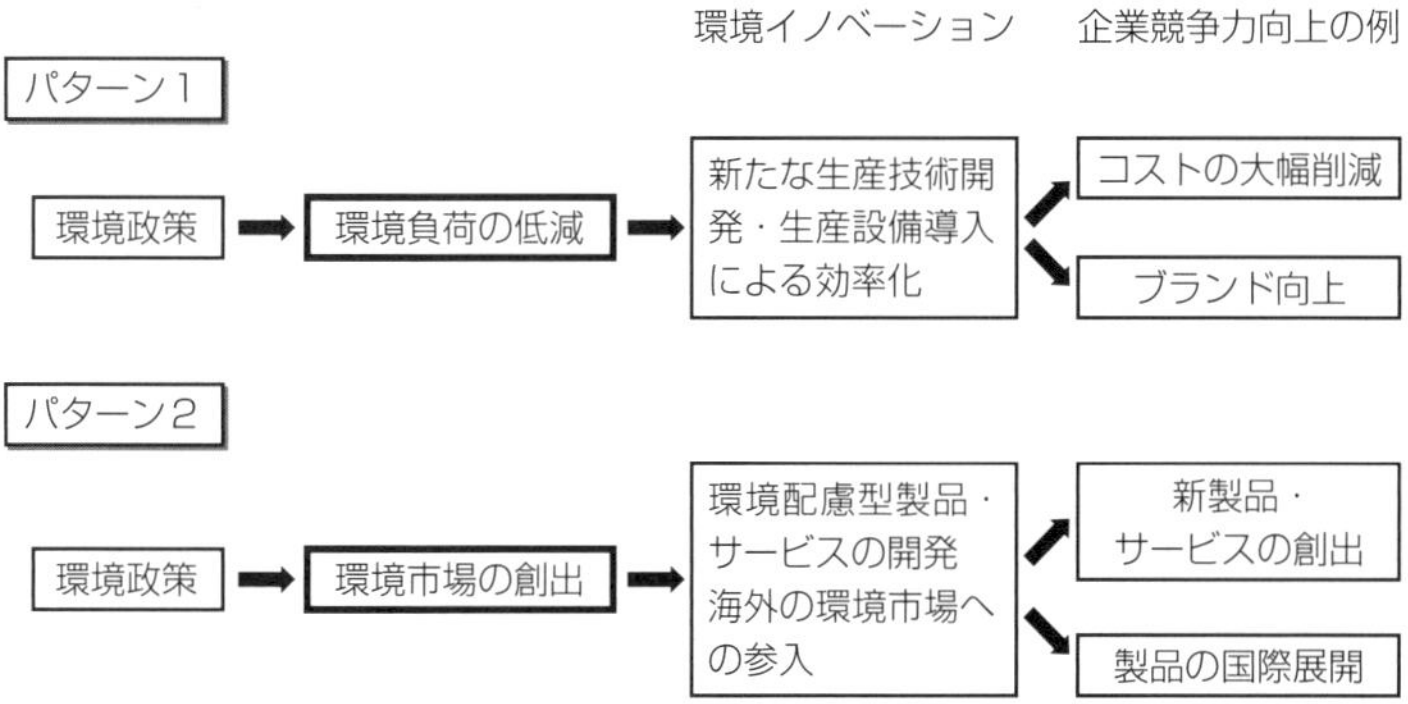

（筆者作成）

パターン1の例として、日本企業は、大気汚染の防止や排水規制など直接的な規制に対応して、外部への環境負荷を低減する必要に迫られてきました。このために、大気や排水を浄化する装置の導入、効率的な生産技術の開発などといった努力がなされてきました。また、近年の環境対応は、省エネルギー対策やリサイクルの徹底などの環境負荷の低減が企業の広報活動の一環としてとらえられており、公害対策というよりも、企業のブランドイメージの向上など間接的な効果も大きな目的の一つとなっています。

生産技術の開発、省エネルギー技術の導入は、プロセスイノベーションとされるイノベーションの一つです。このようなイノベーションを行うためには、当初は設備投資や研究開発投資の支出などが負担になります。ただし、省エネルギー技術やリサイクル技術の導入は、その後、企業のコスト削減という効果をもたらし、これが収益向上に貢献する可能性があります。

また、ブランドイメージの向上という差別化につながる可能性もあります。一例として、廃棄物をほとんど外部に排出せず、副産物や排出物を100%再資源化する「ゼロ・エミッション」などがあります。日本の食品・飲料メーカーなどは、そのシステムを広く外部にアピールしています。コスト削減の例では、排水処理の高度化により、処理コストを削減するだけでなく、肥料を生産し、その肥料を販売することで競争力向上につながった事例などがあります。

パターン2の環境市場の創出は、環境によい製品の重要性を行政が消費者に普及啓発し、あるいは、直接的に行政が環境によい製品やサービスを認定することにより、新しい環境市場が創出される場合があります。このような新たな市場が創出されることにより、各企業は、環境に配慮した製品・サービスを供給して、売上が増加し、収益性が向上する可能性があります。

さらに国内市場だけでなく、特に欧州各国など環境に配慮した製品を積極的に優遇する市場に製品を供給する企業にとっては、国際競争力向上に寄与することにもなります。具体例として、オゾン層破壊および地球温暖化の原因物質として問題となっているフロンをまったく使わない冷蔵庫が開発された例があります。オゾン層の問題は広く一般に知られていることから、この点を積極的にアピールすることで製品の差別化につながったと考えられます。

以上は技術革新の事例ですが、製品が同じでもビジネスモデルを変更したイノベーションもあります。後に詳しく紹介しますが、日本においても、「あかり安心サービス」(29ページ参照)のように従来の蛍光灯販売というビジネスモデルを転換し、顧客に差別化をアピールし、多くの顧客の獲得に貢献した事例もあります。

◎イノベーションオフセット

具体例を踏まえれば、環境保護に対する直接的な規制のみならず、普及啓発活動などの間接的な環境政策がきっかけとなり、イノベーションが促進され、結果的に企業の売上向上や収益向上に貢献し、場合によっては国際競争力も向上することは十分に起こりうると考えられます。もちろん、イノベーションを創出するため、設備投資や研究開発費などの初期投資が発生します。そのため、イノベーションで何かしらの効果が得られたとしても、負担分を上回る利益が回収できない場合も想定されます。ただ、一方で投資を上回るイノベーションの創出も期待できます。

前述のポーターらも、初期投資を相殺するようなイノベーションが創出することをイノベーションオフセットと定義し、その可能性を指摘しています（Porter and van der Linde, 1995）。例えば、前記の事例で排水からの肥料生産などにおいて、設備投資あるいは研究開発投資などの初期投資よりも、広報活動の金銭的効果や省エネルギー対策によるコスト削減、あるいはリサイクルした製品の売上などが大きければ、イノベーションオフセットが起きていることになります。

もちろん、企業のすべての環境対応がイノベーションを実現できるわけではありません。また、従来の環境政策は、イノベーションオフセットを想定して実施されているとは言えません。しかし、適切な条件を満たした環境政策であれば、イノベーションオフセットは十分期待できると考えられます。そのため、今後は可能であればイノベーションオフセットが起こるような適切な政策を実施することが求められます。

そして、イノベーションオフセットは環境分野だけではありません。後述するように、先進国の企業に対しては利益を追求するだけでなく、広く社会あるいは従業員など関係者に対する社会的な責任を担うことが求められていますが、これを推進する政策においても、できるだけイノベーションオフセットが期待できるような政策が望ましいと考えられます。

◎サービサイジング

環境保護をきっかけとして、結果的にイノベーションが創出された事例を紹介しましたが、それらのほとんどは新しい技術を開発し、新しい製品やプロセスを導入する「技術革新」でした。ただし、前述したようにイノベーションは技術革新のみではありません。例えば製品が同じであってもビジネスモデルを変更することでイノベーションととらえる例もあります。

日本でも今では製造業よりも非製造業に勤めている人が多いため、この点について、少し興味深い事例を紹介しましょう。

環境保護と企業の競争力向上の両者を実現するイノベーション類型として、サービサイジングという概念が既存の研究により提示されています。サービサイジングの定義は、文献によりさまざまですが、簡潔に言えば、製品を販売するビジネスから、顧客に提供する機能を維持・向上させたサービス提供のビジネスに変換するというイノベーションです。

極端に言えば、製品販売からサービスに変更するという単純なビジネスモデルの転換であるサービサイジングが、なぜ環境保護に貢献するのかを考えてみましょう。サービサイジングの実践を提唱した White et al（1999）は、「機能」の経済という考えが重要であるとしました。そもそも企業や家庭の消費者は、洗濯機の代わりにクリーニングのサービスを、複写機ではなくコピーのサービスを、自動車より移動のサービスを欲していると提唱します。すなわち、製品そのものが欲しいのではなく、製品の「機能」が欲しいので、必ずしも製品を購入する必要はないということです。

そして、製品を購入し、所有していた消費者が「製品の機能」を提供するサービスを利用する行動に転換すれば、グリーン経済を生み出す可能性があると主張します。製品を提供していた企業側からみれば、製品を販売するビジネスから、機能のサービスを提供するビジネスに事業転換することになります。このビジネスモデルの転換を「サービス化」を表すサービサイジングという言葉で定義しました。

確かにメーカーから製品を購入する消費者は、必ずしもその製品自体が欲しいわけではないかもしれません。そうであれば、製品を購入する必要はありません。必要な機能が得られるサービスを購入すれば十分です。ただし実際には、顧客は必要以上の製品量を購入することが多く、特に消耗品の場合はその傾向が強いと考えられます。そして、必要量以上の部分は過剰に消費されるか、廃棄されることになります。

一方、メーカー側はできるだけ多くの製品を販売したいと考えているため、「必要以上の製品量を販売しない」ということに対して、経済的なインセンティブが働きません。そこで、サービサイジングという考え方が重要になります。適切な製品機能の受けるサービスに対して顧客が対価を支払うというビジネスモデルでは、必要量以上の製品が消費されません。このビジネスモデルの例として、例えば、顧客は製品の納入・使用をコンサルティングするサービスを契約します。サービスを提供する企業は、必要量以上の製品を提供するとコストが高くなってしまい、できるだけ顧客が要求する機能に適切な量を予め予測し、その予測に基づき、製品を提供します。これにより、顧客は必要な機能を得られる一方で、必要以上の製品が消費されず、過剰な消費や廃棄物量が削減されることになります。

ただし、サービサイジングが成功するための必要条件は、顧客に提供する機能が満たされることです。環境保護に資するのみでは、ビジネスモデルとしては成立しません。もっとも、顧客に提供される機能が従来のビジネスモデルに比べて向上されていれば、機能を提供する企業の競争力、あるいは、機能を受ける企業の競争力が向上すると同時に環境保護にも貢献するイノベーションが実現できる可能性があります。

◎あかり安心サービス

そんなに都合の良いイノベーションがあるのかと批判を受けるかもしれません。そのため、ここでは日本企業のサービサイジングの代表事例を紹介しましょう。それは、松下電工の「あかり安心サービス」です（現在では同社はパナソニック株式会社と統合し、また、２００９年からは「あかりＥサポート」の名称で同様のサービスを提供しています）。

このサービスは、ビルや工場の経営者を対象とし、「照明」の機能を保証するサービです。同社は周知のとおり、大手の電気機器メーカーです。従来のビジネスモデルは、蛍光灯などの照明機器を販売することでしたが、蛍光灯を販売するビジネスモデルから「あかり」という機能を保証するサービスに転換した「サービサイジング」を実践しました。

蛍光灯などの照明機器の所有権は顧客に移転せず、メーカーあるいは代理店が保持します。そして、適切な照明機器をビルに取り付け、利用時のアドバイスから廃棄までを担います。顧客であるビルや工場の経営者は、照明機器を購入するのではなく、照明の使用量に基づいて料金を支払う契約を結びます。そのため、初期コストが削減できるだけでなく、適切な照明量により過剰な電気代を抑えることができ、ランニングコストの低減に加え、廃棄物処理コストが不要になるメリットがあります。

近年、ビルのオーナー企業あるいは工場を運営するメーカーは、一般に環境管理マネジメントシステムの国際規格であるISO14001の認証を受けていることも多いです。これらの企業には、継続的な環境負荷の低減が必要とされますが、「あかり安心サービス」はそのニーズに対応できます。特に照明機器の所有権が顧客企業に移転していないため、照明機器の排出者責任の回避、廃棄物量の削減が実現できます。

同社にとっては、蛍光灯の販売ではなく「あかり」というサービスを売ることになり、蛍光灯の販売量が減ってしまうようにも見えます。しかし、その代わりに安定したサービス収入が見込めます。また、サービスの利便性が高いため、顧客となったビルのオーナーの囲い込みが可能になります。さらに、蛍光灯の所有権は移転していないため、代理店が廃棄する蛍光灯を交換・回収し、中間処理業者まで運搬するサービスを行うなど、環境負荷の低減につながるというメリットもあります。

同社がこのサービスに取り組むことになったきっかけは、ビル照明におけるシェア争いの激化により、占有率の落ちている蛍光灯販売に新しい付加価値を付ける必要が生じたためです。最初は必ずしも環境保護を第一の目的としたものではないかもしれません。ただし、前述のように、ビルのオーナー企業あるいはメーカーなどの顧客企業において、環境保護への意識・ニーズが高まっているという社会的要請に対応するという、広い意味での環境政策がきっかけとなったイノベーションと言えます。

◎環境経営と収益性

そもそも、環境経営は企業の収益に結びつくのでしょうか。環境保護活動は、後述するCSR活動の一つですが、実はCSRは企業収益に結びつくという研究結果が数多く提示されています。まずここでは、環境経営と収益性に関する研究の一部を紹介しましょう。

欧米および日本の企業の環境に貢献する度合いを示す「環境パフォーマンス指標」と、財務状況を表す「財務パフォーマンス指標」との相関分析は数多く行われています。そして、両者に正の相関が認められるとする研究結果が数多く出ています。これらの研究成果は環境保護に熱心な企業ほど収益性が高いということを示しており、環境保護活動がイノベーションに結びつくというイノベーションオフセットを直接的に証明するものではありませんが、間接的に示唆する分析と言えます。

例えば、Russo and Fouts（1997）は、環境パフォーマンス指標としてFRDC（フランクリン研究開発会社）による環境格付け（477社、1991年）を、財務パフォーマンス指標として資産収益率（ROA、1991~1992年）を用いて分析を行いました。これ以外の変数として、産業の集中度、企業成長率、企業規模、資本集約度、R&D支出集約度、広告支出集約度、産業の成長率、ダミー変数（1991年）を加えた分析の結果、環境パフォーマンス指標と財務パフォーマンス指標には正の相関が認められたと報告しています。

日本企業を対象にした分析では、筆者も参画したNakao et. al.（2004）の研究があります。ここでは、財務パフォーマンス指標としてROA、ROE、トービンのqマイナス1、1株あたり営業利益を用い、環境パフォーマンス指標としては、日本経済新聞社「環境経営度調査」のスコアを用いた分析を行っています。その結果、上場企業約300社を対象として2002年度および2003年度のデータにより分析した結果、両者に有意の正の相関が認められたと報告しています。

正の相関を示す理由としては、イノベーションオフセットも一つの根拠となりますが、多くの研究は以下のように示唆しています。すなわち、環境パフォーマンス指標が高ければ、消費者、ひいては投資家からの評価が高くなり、財務パフォーマンスによい影響を与えます。逆に環境パフォーマンスを向上させるには、財務的な裏づけが必要です。ここで重要なことは、両者による好循環も期待できるという点です。

この点儲かっているから環境保護に熱心に取り組めている企業が多いだけではないか、という批判はできます。ただし、前述のNakao et. al. の研究では、1999年から2003年のデータを用いて、因果関係を検証するため詳細な統計解析を行っています。その結果、確かに企業の環境パフォーマンスが財務パフォーマンスにプラスの影響を及ぼしていますが、その逆の関係も存在していました。

ただし、前者のほうがより強い影響を与えており、またその傾向は最近特に顕著になっていることも示されました。すなわち、環境によいことをしているから財務状況がよいという因果関係のほうが強い、という統計解析の結果が得られたということです。

4 CSRとCSV

◎CSR

CSRとは企業の「社会的責任」であり、CSVは「共有価値の創造」と訳されます。両者とも近年の企業に求められる活動であると提唱されています。

そもそも、株式会社である企業は営利法人であり、利益の追求は最終目標の一つであることは言うまでもありません。ただし、利益の追求ばかりでは、社会の一員として十分ではなく、社会あるいは地域、従業員にも貢献することが求められています。

そのように考えると健康経営は、CSRあるいはCSV活動の一環と言えます。健康経営を経営戦略との関係で議論する研究はほとんどありませんが、CSRあるいはCSVの積極的な導入を経営戦略として主張する研究は数多くあります。特に、環境経営と同じようにCSRあるいはCSVを積極的に行うことにより、イノベーションの創出に結びつき、ひいては企業の競争優位の確立に貢献するという議論があります。健康経営も同じ文脈でとらえることもできるため、以下紹介しましょう。

CSRは企業の社会的責任です。もちろん、それだけでは具体的な内容はわかりません。ただし、実はその内容については明確な定義がありません。例えば、加賀田（2008年）は、CSRを時代毎に整理し、1960～1970年代には、公害問題やオイルショックによる便乗値上げなどの議論が大きくなり、その対策や解決に向けた取り組みなどが取り上げられたとしています。この点では、環境経営もCSRの一環と言えます。80年代後半になると空前の好景気により、儲けすぎと批判された企業に対して社会への「利益還元」が促されたと指摘しています。ここでは、企業に直接的な対応を求めるのではなく、間接的な社会貢献が求められたと指摘しています。

このように多様なCSR活動ですが、いずれも企業の収益に直結しません。もちろん、イメージの向上など間接的な効果はありますが、どうしてもコスト負担と消極的にとらえる経営者も少なくありません。

しかしながら、一方ではCSRが企業の収益に貢献するという研究結果も数多く提示されています。日本企業を対象にした分析としては、例えば首藤ら（2006年）は、CSR活動と企業パフォーマンスとの関係に関して実証分析を行っています。その結果、統計的有意については十分ではないものの、CSRへの戦略的取り組みが企業価値と密接に結びついている可能性を示唆しています。

さらに清水ら（2017年）は、CSRが企業組織の自尊感情の醸成を促し、それが組織のパフォーマンスに正の影響を与えているとする研究成果を公表しています。自尊感情とは、「個人や組織が社会に対して組織の高い認知を求める感情」であるとしており、自尊感情が醸成されることにより、その組織のイノベーションを創出する能力を高める可能性があると議論しています。

◎イノベーション創出の可能性

環境保護活動と同じようにCSRにおいても、その活動を端緒として、イノベーションに結びつく可能性があることが指摘されています。海外でも、社会的責任を果たすことにチャレンジして利益を上げている企業が数多くあります。その中の一つとして、アリソン・ビアードら（2012年）は、オランダの化学薬品企業であるロイヤルDSMの事例を紹介しています。

同社の主力事業は、石油化学製品やプラスチック、基礎化学医薬品でしたが、製品ラインナップを大きく変更し、栄養サプリメント、薬剤成分、エコ建材などに広げています。同社のCSR活動は、第一段階として、持続可能性のある健康を高める製品の開発・販売を行うことでしたが、第二段階として、これらの製品を最も必要とする人たちに無料で提供することに大胆に踏み込んでいます。

最大のプロジェクトは、WFP（国連世界食糧計画）と連携して、ネパールやケニアなどで栄養失調の人々にビタミンや栄養強化食品を配給するプロジェクトを実施しています。また、インドの新しい学校の建設に同社のエコ建材を提供し、環境負荷を抑えることも実施しました。

このような活動の意図として担当者は、第一に優秀な人材を集めるという人材獲得、第二に国際的な組織との連携によりさまざまな国のニーズを把握し、イノベーション活動への波及をあげています。また、第三に栄養素の重要性というメッセージを普及することができ、結果的に利益を生み出すことができると述べています。ただし、同時にこのような投資のリターンを定量化することは難しいことを認めており、投資家への理解を求める必要性も強調しています。しかし、株主から「お願いだから止めてくれ」と言われたことはないとのことです。

◎CSV

ＣＳＲに加えて、ＣＳＶという概念も注目されています。PorterとKramer（2011）は、企業の社会的責任であるＣＳＲに代わる概念として、ＣＳＶという概念を提示しました。ＣＳＶ（creating shared value）は、「共有価値の創造」や「共通価値の創造」等と訳されますが、社会的な課題解決と企業の競争力向上を同時に実現することが可能であると主張しています。

すなわち、企業が事業を通じて社会的な課題を解決することから生まれる「社会的価値」と、企業の「経済的価値」を両立させることが可能という主張です。そして、ＣＳＶの具体的な定義として、「企業が事業を営む地域社会や経済環境を改善しながら、自らの競争力を高める方針とその実行」を意味するとし、本業で社会のニーズや問題に取り組むことで、社会的価値を創造し、その結果経済的価値が創造されるべきだと述べました。また、ＣＳＶを実践する方法として、次の三つのアプローチがあるとしています。

①製品と市場を見直す

企業が本業において、強みのある製品やサービスを再度見直すことによって、社会的な課題を解決するための商品展開を行う。

②バリューチェーンの生産性を再定義する

企業のバリューチェーンは、社会に多くの影響を与えるため、資源の有効活用、調達、流通、従業員の生産性等を見直すことにより、社会的な課題を解決すると同時に、コスト削減などにより企業の競争力を向上させる。

③企業が拠点を置く地域を支援する産業クラスターをつくる

クラスターが活性化することで、イノベーションが起こる可能性が高くなる。

また、これら三つのアプローチは、互いに共通価値の好循環を形成する要素にもなりえるとしています。

ＣＳＲとＣＳＶは類似の概念ですが、競争力を高めるという点を明確に提示しており、ＣＳＲより、企業にさらに積極的な対応を促していると言えます。この点、日本においても、ＣＳＶの研究が活発になってきています。例えば、西岡ら（２０１７年）は、ＣＳＶにより、日本企業も競争優位を確立することが十分可能であることを詳細な事例とともに分析しています。この研究では、特に企業の所有と経営が同一である老舗企業においては、企業自体がオーナー家の評判を左右するため、ＣＳＶを積極的に展開する可能性があり、それを通じて、地域活性化が可能になるのではないかと主張しています。

また、同時並行的に日本の経済界でもその重要性の認識が深まっていると考えられます。例えば経済同友会は、提言書「社会益共創企業への進化」（２０１２年）を提示し、企業は「『社会が企業に期待していることは何か』との視点を常に意識し、社会と価値観を融合させ、〝社会益〟＝社会を構成する多様なステークホルダーの中長期的な利益の最大化を追求すること」が重要であると指摘しています。そのために、企業は、顧客をベースとした「三面鏡経営」（社会・株主・従業員）を徹底し、本業を通じて社会と共に価値を創造する「社会益共創企業」への進化を促しています。なお、この提言書においても、社会益共創企業の五つの要素として、経営理念、経営戦略、企業文化、コーポレートガバナンス、事業継続があげられており、特に経営戦略としては、「企業理念を経営戦略に織り込み、常に新しい事業機会に挑戦し、ステークホルダーと協働して不断のイノベーションを興す」ことが求められています。

5　SDGsとESG投資

◎SDGs

外務省によれば、SDGsとは、「持続可能な開発目標」のことです。2001年に策定されたミレニアム開発目標（MDGs）の後継として、2015年9月の国連サミットで採択された「持続可能な開発のための2030アジェンダ」にて記載され、2016年から2030年までの国際目標と定義されています（外務省WEBサイト https://www.mofa.go.jp/mofaj/gaiko/oda/sdgs/about/index.html）。具体的には、持続可能な世界を実現するための17のゴール・169のターゲットから構成されており、地球上の誰一人として取り残さない（leave no one behind）ことが宣言されています。SDGsは発展途上国のみならず、先進国自身が取り組む普遍的なものであり、日本としても積極的に取り組んでいると紹介されています。

国際的な目標であることから、さまざまな普及啓発活動が行われていますが、日本企業も前節で紹介したCSRあるいはCSVを発展させ、SDGsに向けた活動を積極的に行うことが期待されています。実際に日本企業の取り組み事例は、外務省のWEBサイトでも数多く紹介されており、詳しく知ることができるようになっています。

このような取り組みはもちろんコストがかかることですが、イノベーション創出へのつながりも戦略として視野に入れることが求められます。また、上場企業であれば投資家からの評価も高まり、時価総額の上昇に寄与することも期待できます。この点を以下説明しましょう。

◎ＥＳＧ投資

社会に積極的に貢献する企業に投資家が着目して、投資活動を行うことが世界的にも推奨されています。代表的なものがＥＳＧ投資です。ＥＳＧ投資は「従来の財務情報だけでなく、環境（Environment）・社会（Social）・ガバナンス（Governance）要素も考慮した投資」であると紹介されています（経済産業省ＷＥＢサイト https://www.meti.go.jp/policy/energy_environment/global_warming/esg_investment.html）。

経産省のＷＥＢサイトによれば、特に、年金基金など大きな資産を超長期で運用する機関投資家を中心に、企業経営のサステナビリティを評価するという概念が普及し、気候変動などを念頭に置いた長期的なリスクマネジメントや、企業の新たな収益創出の機会を評価する指針として、前述のＳＤＧｓと合わせて注目されています。

また、日本においても、投資にＥＳＧの視点を組み入れることなどを原則として掲げる国連責任投資原則（ＰＲＩ）に、日本の年金積立金管理運用独立行政法人（ＧＰＩＦ）が２０１５年に署名したことを受け、ＥＳＧ投資が広がっています。

このＥＳＧ投資を積極的に推進するため、経済産業省は、「価値協創ガイダンス」を活用した企業と投資家の対話の場として、「統合報告・ＥＳＧ対話フォーラム」（以下「フォーラム」）を開催しています。価値協創ガイダンスとは、経済産業省が２０１７年5月29日に発表した日本企業のガバナンスのための共通言語を示す「指針」です（経済産業省「価値協創のための統合的開示・対話ガイダンス—ＥＳＧ・非財務情報と無形資産投資—」）。

こうした一連の取り組みによって、企業や投資家の意識改革が進んでいることは間違いありません。ただし、さらに「制度」を積み重ね、義務づけることは、実務の健全な発展を阻害する恐れもあると指摘しています。

そのため、制度ではなく、こうした流れを加速するためには、二つのコード（コーポレートガバナンス・コード、スチュワードシップ・コード）で求められる企業と投資家のコーポレートガバナンス責任やスチュワードシップ責任を果たすための対話のあり方、その前提としての情報開示の拠り所となるような枠組みとして、「共通言語」が必要になるとしています。

そして、経済産業省が主導する「アクティブ・ファンドマネージャー分科会」が、アクティブファンドの運営・投資判断を行う責任者を中心にさまざまな投資会社からの参加を得て、２０１８年1月に設立されました。経済産業省は、この分科会での検討結果を「アクティブ・ファンドマネージャー分科会報告書」として提案しました。分科会では「アクティブ・ファンドマネージャー」を「投資リターンの最大化のため、特に企業の個性を重視し、他の企業との差異に注目して株式運用を行う」投資家と定義しました。その上で、中長期的な企業価値向上を期待する投資家としての観点から、以下のような点が示されました。

●アクティブ投資家は、ビジネスモデルや競争優位、戦略やそれに基づくＫＰＩを重視している（ＫＰＩとは、key performance indicatorの略で、企業目標の達成度を評価するための主要業績評価指標ですが、アクティブ投資家は、その企業の公開されている戦略や、それにより実現される業績指標を重視しているということです）。

●アクティブ投資家としては、ＥＳＧ（環境・社会・ガバナンス）は網羅性よりも自社固有のものを示してほしい。

●経営理念や価値観は大事だが、企業との対話でスタート地点となるのは財務的な成果やＫＰＩの達成状況。その時に経営者が自分の言葉で自社分析を語ってほしい。

●対話の中で企業のビジネスモデルや戦略を聞かない投資家もいるので、「ガイダンス」を共通言語化して使っていくことはアクティブ投資家にとって有益。ガイダンスを経営に使ってほしい。

●企業に「ガイダンス」に基づく開示や対話をしてもらうため、投資家側からそのような開示情報を参照し、精読・咀嚼した上で対話に臨むことをコミットすべき。

これを見ると投資家もＥＳＧを重視した投資を行っていくことが社会的要請であることを強く認識

していることがわかります。注目すべき点は、ＥＳＧを網羅的に取り組むよりも、各社独自の取り組みを期待している点です。

◎健康経営と経営戦略

本書のタイトルにもなっていますが、筆者らは、ＣＳＲやＣＳＶの一部であると考えられる「健康経営」が経営戦略の一部になると考えています。もちろん健康経営は、主として従業員の健康維持向上を目的とした活動であり、企業収益には直接結びつきません。ただし、健康経営がイノベーション創出に寄与し、収益向上に結びつく可能性は十分にあると考えられます。

さらに、優秀な従業員の採用に寄与し、また、社会的なイメージが向上することで、間接的には企業の収益に結びつくことが考えられます。特に上場企業においては、ＥＳＧ投資のように投資家がＣＳＲやＣＳＶを行っている企業への投資を重視していることから、株価の向上も期待できます。

また、非上場の中小・中堅企業においても、人材採用に悩んでいる経営者が多く、健康経営を積極的に外部にアピールすることで人材採用に貢献することが期待できるのではないでしょうか。

本書では、この視点に立って健康経営をとらえていきます。次章以降では、健康経営を取り巻く状況をはじめとして、導入した企業にはどのような貢献が期待できるのか、また、戦略的に導入するにはどうしたらよいのかについて詳細に述べていきます。

【参考文献】

・Panasonic 株式会社ＷＥＢサイト（２０１９年5月30日現在）https://www2.panasonic.biz/ls/lighting/akarie/service.html

・Porter, M. E.,(1996), What Is Strategy?, *Harvard Business Review*, November-December, pp. 61-78.

・Porter, M. E. and Kramer, M.R.,(2011) Creating Shared Value: How to reinvent capitalism and unleash a wave of innovation and growth, *Harvard Business Review*, January-February, pp. 1-17.

・Schumpeter, v. J.,(1912) *Theorie der wirtschaftlichen Entwicklung*, Leipzig : Duncker & Humblo, p. 548.

・Nakao, Y, Amano, A, Matsumura, K, Genba, K, and Nakano, M. (2007) Relationship between environmental performance and financial performance: an empirical analysis of Japanese corporations, *Business Strategy and the Environment*, 16(2), pp. 106-118.

・Porter, M. E. and van der Linde, C. ,(1995) Toward a New Conception of the Environment-Competitiveness Relationship, Journal of Economics Perspectives, Vol.9, No.4, pp.97-118.

・Russo, M. and Fotus, P., (1997) A resource-based perspective on corporate environmental performance and profitability, Academy of Management Journal, 19, pp363–375.

・White, L. A., Stoughton, M. and Feng, L.,(1999) Servicizing: The Quiet Transition to Extended Product Responsibility, Tellus Institute.
・アリソン・ビアード、リチャード・ホーニック「5社のＣＳＲに学ぶ ステークホルダー経営の優秀事例〔It's Hard to Be Good〕」『Diamond ハーバード・ビジネス・レビュー』２０１２年３月号（特集「『チェンジ・ザ・ワールド』の経営論」）。
・加賀田和弘「ＣＳＲと経営戦略―ＣＳＲと企業業績に関する実証分析から」『総合政策研究』30巻、37－57頁、２００８年。
・清水創己、柴直樹、大江秋津「組織の自尊感情が組織パフォーマンスに与える影響―共分散構造分析による企業の社会的責任に関する実証研究―」、経営情報学会全国研究発表大会要旨集、１４３－１４６頁、２０１７年。
・経済同友会「社会益共創企業への進化～持続可能な社会と企業の相乗発展を目指して～」、２０１２年。
・首藤惠、増子信、若園智明「企業の社会的責任（ＣＳＲ）活動とパフォーマンス：企業収益とリスク」、Waseda University Institute of Finance Working Paper Series WIF06-00. ２００６年。
・西岡慶子、玄場公規、上西啓介、加賀有津子「老舗企業のＣＳＶ戦略による地域活性化：共通価値の創造が日本を元気にする」『地域活性研究』8巻、78－87頁、２０１７年。

第2章

健康経営の歴史

1 健康経営と先行研究

◎経営学としての健康経営

近年ブームになっている「健康経営」ですが、その歴史は浅く、アメリカで1992年に出版された『The Healthy Company』の著者で、経営学と心理学の専門家、ロバート・ローゼン氏が同義の概念を提唱したことが発端とされます。ローゼン氏は同書の中で「従来分断されてきた経営管理と健康管理を統合的にとらえようとするアプローチ」として紹介しています。

では、なぜローゼン氏は著書で、分断されていた経営管理と健康管理を統合したのでしょうか？まずは分断された経営管理の歴史を、経営学の視点から見てみましょう。

経営管理の源流であるF.N.テーラーの科学的管理法（1910年）では、「労働者の仕事（手法や環境等）を管理することにより、生産性が向上し、結果的に雇い主は利益を上げ、労働者も賃金増加によりにより、Win-Winの関係が結べる」と提唱しました。具体的には、照明や温度等の労働環境を変えたり、シャベル等の道具の大きさや長さを変えたり、また人の動作を変えることにより、生産性に影響を与えることが実証されました。また1900年代初期は鉱山等の肉体労働（=ブルーカラー）が主でしたので、当然のように労働者の健康は生産性に影響を与えるため、管理すべき大切な項目であり、また健康増進にもふれていました。

そして、1920年代にエルトン・メイヨーらによる「ホーソン実験」によって、生産性の向上には休憩時間等の条件や環境よりも、人間関係が寄与することが実証され、メイヨーはのちに「人間関係論」を提唱します（1967年）。このとき労働者の健康管理は生産性の向上等の経営管理から外され、分断されました。従来経営管理は、人、モノ、カネ、情報が重要な資源と言われてきましたが、生産性を含む経営管理の研究と、人のセルフケアを含む健康管理（労働衛生）や、休憩時間を含む労働環境（産業安全）の研究は分離し、別々に研究されていきました。

しかし、1990年頃からアメリカではIT等の技術革新によりPCを使う仕事が増え、精神疾患の症例が増えてきました。そこで、心理学者であったローゼン氏は、健康管理であるメンタルヘルス対策が、新しい経営管理の一つの項目になると考え「The Healthy Company」を提唱しました。これがアメリカで受け入れられ、その後実践や検証が始まりました。

◎アメリカの健康経営

当時のアメリカでは、会社経営においてもう一つの課題がありました、それが企業負担の健康保険料の高騰です。日本の国民皆保険とは違い、アメリカでは従業員が企業を通して、就業中だけでなく定年退職後も含め医療保険に加入するのが一般的です。

そのため、従業員の健康状態や治療の有無が企業業績に与える影響は大きく、2009年のゼネラルモーターズ倒産の一因ともいわれています。企業は従業員の健康に配慮した職場環境や制度を整備し、また個人の健康管理・指導等を行うなど、経営管理の一環として従業員の健康管理を統合的にとらえる必要性があったのです。

その後、アメリカでは1997年から優良健康経営表彰企業「corporate health achievement award winners」を開始し、ヘルシーカルチャー（企業文化）をもつ会社を取り上げていこうという機運が高まってきました（この表彰制度が日本の健康経営アワードの参考となったといわれています）。主催は米国産業環境医学協会（American College of Occupational and Environmental Medicine/ https://acoem.org/）で、アメリカの産業医等が参加する最大の協会です。現在は、募集は公募制で、主にLeadership & Management, Healthy Workers, Healthy Environment, and Healthy Organization. の4つの主要なカテゴリで評価しています。

次に「健康経営」で期待される効果の実証研究はアメリカで先行しており、主要な研究成果は次のとおりです。

まずはミシガン大学の研究グループの研究成果に基づくもので、米国商工会議所などのパンフレット「Healthy Workforce 2010 and Beyond」（2009）にも掲載されていますが、従業員の最大の健康関連コストは、医療費ではなく、「Presenteeism（プレゼンティーイズム）」（Loeppke 2009）だというのです。「プレゼンティーイズム」とは、職場に出勤してはいるものの、病気やけがなど何らかの健康問題の存在によって、業務の能率が落ちている状況（つまり企業や組織の側から見れば間接的ではありますが、健康関連のコストが生じている状態）を指します。アメリカは医療費の水準が世界一高い国として知られていますが、最大の健康関連コスト要因ではなかったということです。

次に、Kizzy et al（2008）は、「モチベーションの向上」である従業員満足度や離職率を減らす効果にも注目しました。

さらにハーバード大学公衆衛生学教授のBaicker et.al（2010）は、「生産性の向上」や「医療コストの削減」について調査研究し、「従業員の健康維持に使われる1ドルで、病欠日数の減少や、より高い生産性、医療経費の減少が図られ、およそ3ドルの節約となる」ことを指摘しています。そうして健康投資（ウエルネスプログラムへの投資）のリターンとして医療費が削減されることが実証されました。

また雑誌『Newsweek Japan』（２０１１年）

図2－1　健康経営とは何か

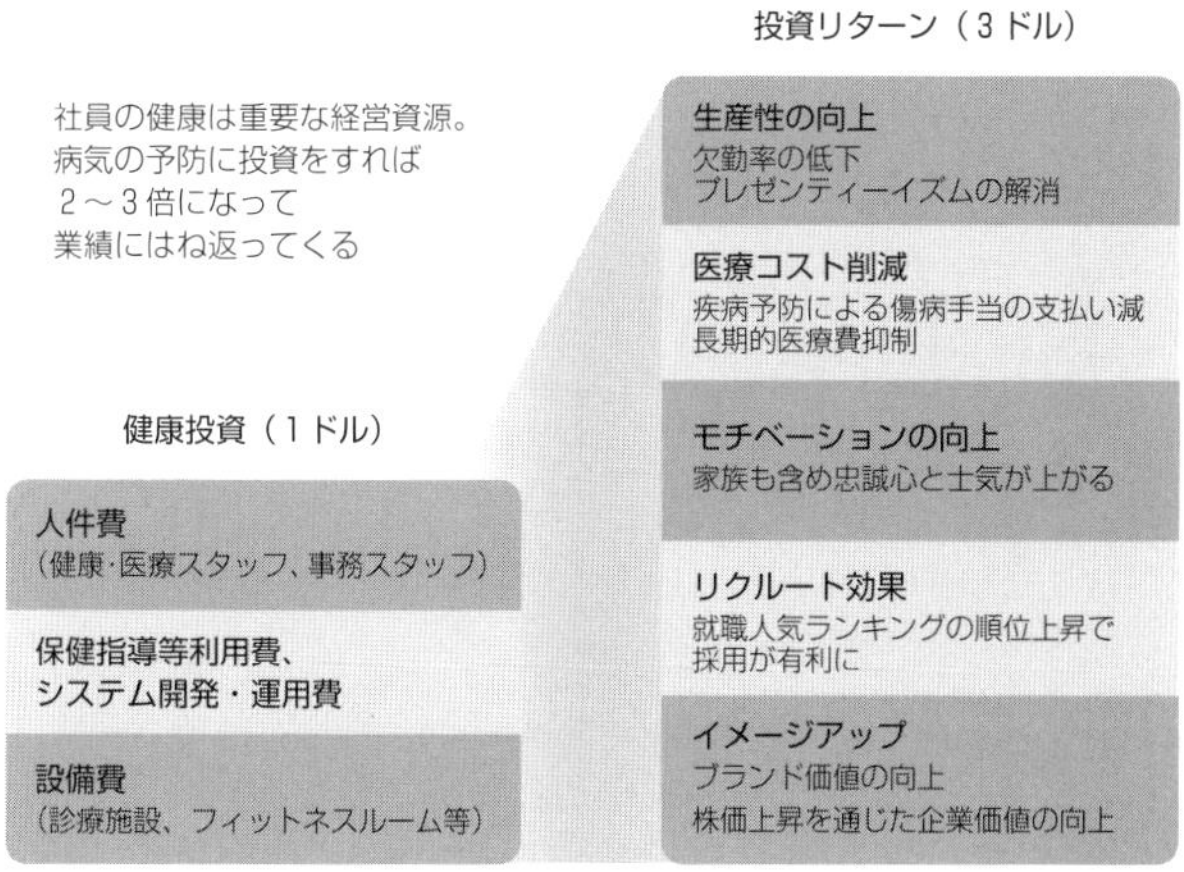

（出典）『Newsweek Japan』（2011年3月号）をもとに作成。

では、「儲かる『健康経営』最前線」と題し、アメリカのジョンソン・エンド・ジョンソングループが世界250社・約11万4000人に健康教育プログラムを提供して、投資に対するリターンを換算した概要を掲載しています。

ここでは、健康投資を3項目（人件費、保健指導等利用費、システム開発・運用費、設備費）と、期待される効果5項目（生産性の向上、医療コスト削減、モチベーションの向上、リクルート効果、イメージアップ）が初めて示され、健康投資1ドルに対して投資リターン3ドルと表記されました（図2－1参照）。後述しますが、経済産業省は「健康経営」の普及促進の当初から、こちらのデータを用いて、「健康経営」に取り組むと3倍のリターンの可能性があると説明し、現在もこちらのデータに依拠して普及を推進しています。

さらに前述のアメリカの優良健康経営表彰企業を対象とした研究では、アメリカの代表的な株価指数である「S&P500」と13年後における株価のパフォーマンス比較がRaymond Fabius, et al.（2013）によって行われ、優良健康経営表彰企業が「S&P500」より約1・8倍高くなっているという報告もあります。こちらは、株式市場からの評価を実証した研究となりました。

2 日本における普及

◎2006〜2016年の歩み

翻って日本では2006年に岡田邦夫氏（元大阪ガス産業医）がNPO法人健康経営研究会（http://kenkokeiei.jp/）を立ち上げ、「健康経営」を広く紹介しました。しかし設立当時は岡田氏自身も話すように、ほとんど認知されませんでした。

転機は2008年に訪れました。きっかけは政府、主に経済産業省が「健康会計（仮称）」を提唱したことです。当時、医療費の増大に対して管轄の厚生労働省だけではなく、経済産業省も加わり医療費の減少や増加幅の低減を目指しました。その頃、経済産業省が推進していた「環境会計」というワードがあり、これを参考にしたと推測されます。

続いて2010年に経済産業省の委託事業の成果として「健康経営」とタイトルがつく初めての書籍『会社と社会を幸せにする健康経営』（勁草書房、田中滋ほか）が発刊されました。その際、書籍で取り上げられた企業は、小松製作所健康保険組合や帝人株式会社、東京電力株式会社、日本アイ・ビー・エム株式会社、三井化学株式会社、三菱電機健康保健組合の取り組みで、主に健康保険料や保健財政への負担や影響を紹介したものでした。同書ではメンタルヘルスも取り上げており、2010

年時点での「健康経営」の概念は、厚生労働省管轄の労働衛生／産業安全の範囲内でした。

２０１１年には経済産業省内にヘルスケア産業課が新設され、企業の会社業績への影響や生産性の向上等、企業経営に的を絞った健康経営の施策が次々と施行されるようになりました。

翌２０１２年には、日本政策投資銀行が「ＤＢＪ健康経営（ヘルスマネジメント）格付融資」（https://www.dbj.jp/service/finance/health/index.html）を開始しました。日本政策投資銀行は、財務省管轄の日本の政策金融機関であり、２００４年に環境格付融資制度で環境省や経済産業省とも連携していました。またＥＳＧ投資（第1章の5参照）に注力しており、「健康経営格付融資」も同様の流れに沿って、環境経営を参考に設定されました。２０１９年3月累計で１５６件の「健康経営格付」による融資を実施しています。

２０１３年6月に閣議決定した「日本再興戦略」において「健康寿命の延伸」が策定され、「日本再興戦略改定２０１４」では、「健康経営に取り組む企業が、自らの取り組みを評価し、優れた企業が社会で評価される枠組みを構築することにより、健康投資の促進が図られるよう、関係省庁において年度内に所要の措置を講ずる」こととなり、初めて「健康経営」という言葉が、日本政府の最高戦略に表記されました。その後、２０１５年3月に東京証券取引所と共同で「健康経営銘柄」を設定し、上場企業の中から初年度22社が選定されました（「はじめに」表1参照）。

日本ではまだ「生産性の向上」や「モチベーションの向上」等の健康投資効果の実証研究はありませんが、２０１３年デンソー健康保険組合の報告によると、「病気で欠勤した従業員による生産性損失は年間8億6千万円となり、これに対し腰痛や不眠など軽症不健康による生産性損失は年間200億円と推測された」(「へるすあっぷ21」2013年)とありました。推測された生産性損失額は、デンソーの2013年3月期連結決算当期純利益1817億円の約11%に相当する巨額でした。つまり、社員が健康で働けない状態の改善(重症予防や未病)につながる健康投資を行えば、「生産性の向上」や「医療費の削減」等で会社業績に影響を与えることが、日本でも初めて示されたのです。

また、民間主導の活動体でありながら経済産業省をはじめ厚生労働省、東京商工会議所、日本医師会等の全面バックアップを受けて2015年7月に「日本健康会議」(https://kenkokaigi.jp/)が発足しました。同会議の活動指針「~健康なまち・職場づくり宣言2020~」の「宣言4」において、大企業向けに「健保組合等保険者と連携して健康経営に取り組む企業を500社以上とする」ことを計画し、中小企業向けには「宣言5」において「協会けんぽ等保険者や商工会議所等のサポートを得て健康宣言等に取り組む企業を1万社以上とする」と設定しました。

同年、経済産業省の委託事業で、平成27年度健康寿命延伸産業創出推進事業「健康経営評価指標の策定・活用事業」の東大ワーキンググループ報告書により、日本でもアメリカの先行研究のように、健康関連コストの中でプレゼンティーイズムの損失額が最大であることが検証されました。

次に2016年6月に閣議決定した政府の「日本再興戦略2016」において、健康寿命延伸の一つの施策として重視され、「『戦後最大の名目GDP600兆円』の実現を目指していく」施策として、「世界最先端の健康立国へ」を掲げ「『健康経営』が保険者や企業に定着しつつある」と言及しています。特に「保険者機能の強化等による健康経営やデータヘルス計画[3]等の更なる取組強化」の中で、「健康経営については、質の向上と更なる普及のため、健康経営銘柄を継続実施し、選定方法の改善を行うとともに、個別企業の健康経営の取組と企業業績等の関係性について経営学的視点も踏まえた分析・研究を本年度中に実施する」こととしています。

◎2017〜2019年の歩み

2017年2月には、前述の日本健康会議が「地域の健康課題に即した取組や日本健康会議が進める健康増進の取組をもとに、特に優良な健康経営を実践している大企業や中小企業等の法人を顕彰する制度」として、経済産業省と共同で健康経営優良法人認定制度を開始させ、初年度に大規模法人部門（ホワイト500）235法人、中小規模法人部門318法人を認定しました（「はじめに」表1参照）。

2018年度の健康経営アワードの健康経営銘柄、健康経営優良法人ホワイト500（大規模法人）、健康経営優良法人（小規模部門）の自治体における位置づけは図2－2のとおりです。

大規模法人部門は、健康経営度調査[4]に回答することにより、回答社の中から認定要件も満たしかつ上位50%をホワイト500と認定しました。つまり認定要件を満たすだけではホワイト500に認定されるわけではありませんでした。さらに1業種から1社顕著な取り組みをする企業を健康経営銘柄として選定しました。健康経営銘柄も2019年から変更が加えられ、1業種1社の縛りを外して選定が始まりました。中小企業は、要件を満たせば認定される簡易な制度です（選定・認定要件の詳細は第4章の1参照）。

さらに政府は「日本再興戦略2016」を、新たな成長戦略の下での取り組みを発展させたかたちで、2017年6月に「未来投資戦略2017—Society 5.0 の実現に向けた改革—」を閣議決定し、引き続き「I．Society 5.0 に向けた戦略分野」「I-1．健康寿命の延伸」内で、「予防・健康づくり：保険者・経営者による『個人の行動変容の本格化』」の「主な取組」の一つとして「保険者のデータヘルスを強化し、企業の健康経営との連携（コラボヘルス）[5]を推進するため、厚生労働省と日本健康会議が連携して、各保険者の加入者の健康状態や健康への投資状況等をスコアリングし経営者に通知する取組を、来年度から開始する」こととし、健康経営を推進しています。

図2-2　健康経営アワードの位置づけ

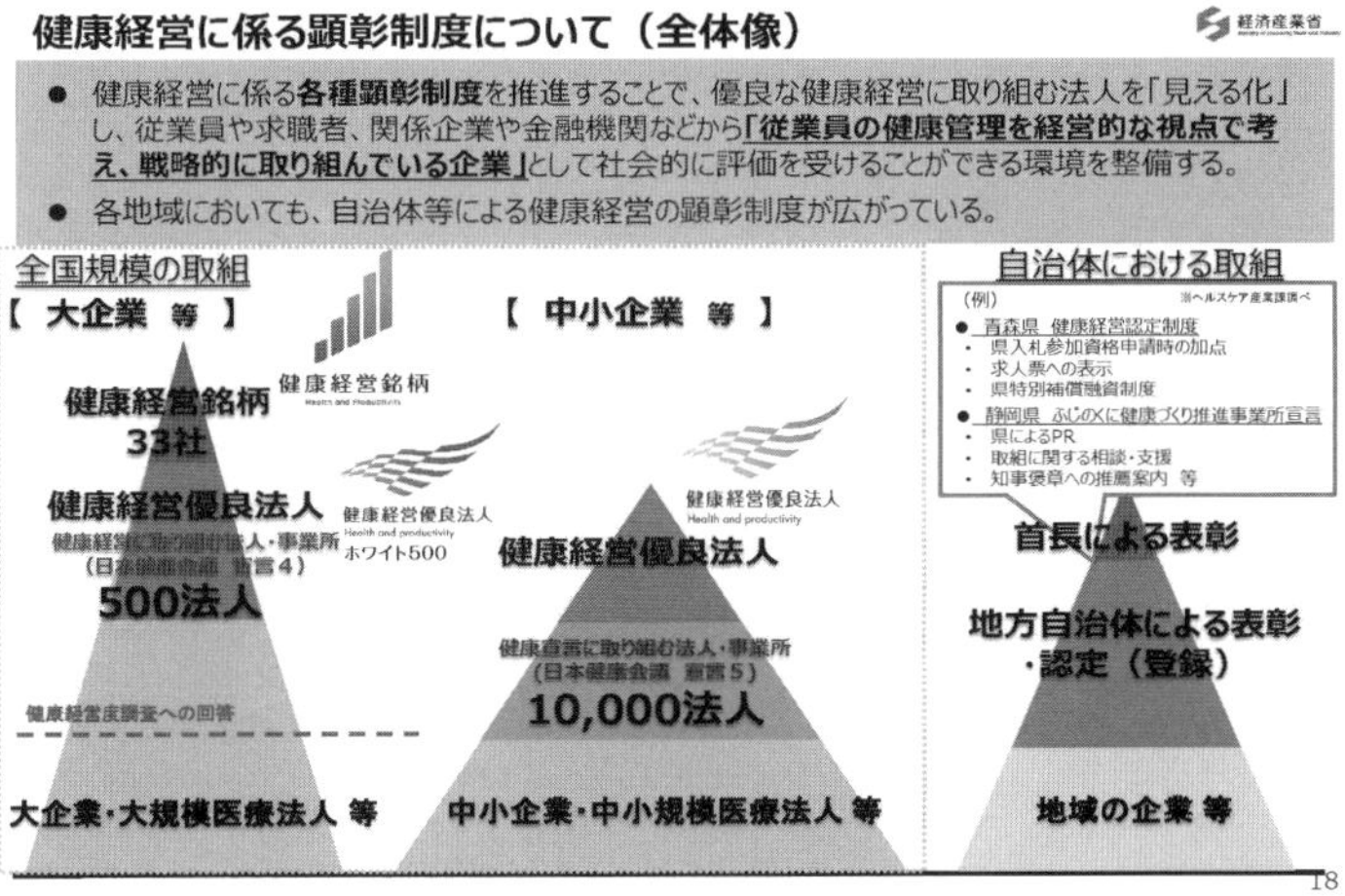

（出典）経済産業省ヘルスケア産業課「健康経営の推進について」（2018年）

同年には、数少ない健康経営の論文「『健康経営』とは何か：職場における健康増進と経営管理の両立」（森永雄太、2017年）において、海外の事例をもとに日本の健康経営の位置づけを行っています。

そして2018年、日本健康会議は前出の活動指針「宣言4」において大企業向けに「健保組合等保険者と連携して健康経営に取り組む企業を500社以上とする」（539法人）と、中小企業向けには「宣言5」において「協会けんぽ等保険者や商工会議所等のサポートを得て健康宣言等に取り組む企業を1万社以上とする」（1万2000法人）の両方とも達成しました。

2020年までの目標でしたので、2年前倒しの達成となり、ここからも「健康経営」がブームとなっていることが伺えます。その後、2019年度は中小企業向けには「宣言5」が3万社に上方修正されました。2018年には、プレゼンティーイズムを検証した経済産業省の東大ワーキンググループから特別報告「健康経営と働き方改革」（津野陽子ほか、2018年）として、働き方改革との関係性にふれた論文も発表されました。

そして2019年3月のワーキンググループにより2020認定（2020年2月認定予定）から、健康経営優良法人認定制度の大規模法人部門（ホワイト500）は修正が加えられ、認定要件を満たすだけで認定される大規模法人部門と、その中から上位500社を認定するホワイト500とカテゴリ分けすることになりました（健康経営銘柄は変更なし）。今後さらに認定企業が増えることが見込まれています。

このように政府は、経済産業省を中心に「健康経営」の経営学的研究と普及を推進しています。

注

3　厚生労働省の推進施策で、すべての健康保険組合に対し、レセプト等のデータの分析、それに基づく加入者の健康保持増進のための事業計画となる、健康経営の対になるワード。

4　経済産業省ＷＥＢサイト健康経営度調査　https://www.meti.go.jp/policy/mono_info_service/healthcare/kenkoukeieido-chousa.html

5　厚生労働省の推進施策で、健康保険組合等の保険者の事業主が積極的に連携し、明確な役割分担と良好な職場環境のもと、保険組合の加入者（従業員・家族）の予防・健康づくりを効果的に・効率的に実行すること。

3 他省庁や自治体の取り組み

◎厚生労働省やスポーツ庁の取り組みと健康経営の関係

さて、日本では働き方や職場環境について、古くは女子・年少者に対する最低年齢、最長労働時間等、労働者一般に関する業務上の疾病・死亡についての扶助制度から始まり、厚生労働省管轄の下に取り組んできました。

同省の健康増進の動きは、職場やオフィスに限定することなく国民全体を対象に、2000年には「21世紀における国民健康づくり運動（健康日本21）」を策定、2002年には国民の健康維持と現代病予防を目的として「健康増進法」が制定されました。

その後生活習慣病対策で、2008年には特定健康診査・特定保健指導が始まり、働く男性従業員がモデルとなり、「メタボリックシンドローム」という言葉が広く浸透しました。そして2012年からは、企業や地域の健康を表彰する制度「スマート・ライフ・プロジェクト（https://www.smartlife.go.jp/）」を開始させ「健康寿命をのばそう！　アワード」企業部門にて毎年表彰しています。

2015年からは、経済産業省が推進する「健康経営」の対になる、厚生労働省が推進する「データヘルス」を始めました。さらに2017年には省庁の垣根を越えて〝車の両輪〟として推進するため、「保険者のデータヘルスを強化し、企業の健康経営との連携（コラボヘルス）を推進する」コラボヘルスガイドラインが始まりました。また同年から、「労働基準関係法令違反に係る公表事案（通称「ブラック企業リスト」）」（厚生労働省労働基準局監督課）が公表されました。経済産業省が推進している「健康経営優良法人（大規模法人）」は、別名ホワイト企業と呼ばれていますので、これもホワイト⇔ブラックと対になる施策となりました。

そして現在は、労働安全衛生法の施行や衛生管理者・産業医の設置等の義務づけなど、労働環境の整備や社員の健康管理が義務化されています。最近では医療費の削減や逓増を実現するため、疾病予防対策にも取り組み始めています。医療費の削減という大目標の下、経済産業省と厚生労働省は、手を取り合いながら推進しているのが特徴となります。

次に、2015年に設置されたスポーツ庁は、2017年から社員の健康増進のためにスポーツ活動に対する支援

表2－1　経済産業省と厚生労働省のオフィス（職場）向けの主な施策

	経済産業省	厚生労働省
推進施策	健康経営（2015）	データヘルス（2015）
表彰制度	健康経営アワード（健康経営銘柄2015～、健康経営優良法人2017～）	スマート・ライフ・プロジェクト、「健康寿命をのばそう！　アワード」企業部門（2012～）
ホワイトとブラック企業	健康経営優良法人ホワイト500（大規模法人部門）（2017～）	労働基準関係法令違反に係る公表事案（通称ブラック企業リスト）（2017～）

（筆者作成）

や促進に向けた取り組みをする企業を応援する「スポーツエールカンパニー」（http://www.mext.go.jp/sports/b_menu/sports/mcatetop05/list/1399048.htm）制度を始め、初年度に217社を認定しました。次年度の2018年度は347社となり、2020年の東京オリンピック・パラリンピックに向けて取り組んでいます。「健康経営」との関係では、健康経営アワードの運動の項目と重複していますので、企業側からは取り組みやすい認定制度となりました。

◎自治体の取り組み

都道府県別では、東京都が2015年から全国健康保険協会（協会けんぽ）東京支部の「健康企業宣言制度」[6]を開始させ、STEP1「銀の認定」は、2019年3月現在585社（掲載を希望しない企業を除く）が宣言し、取り組んでいます。経済産業省が推進している健康経営アワードの東京都版のイメージとなります（図2-3参照）。

具体的には、STEP1「銀の認定」を達成すると協会けんぽ東京支部から「健康優良企業」として認定されます。「健康経営」との関係では、東京都の独自の基準として、経済産業省が推進している健康経営アワードの申請にあたり、STEP1「銀の認定」達成／健康優良企業認定が条件となっています。つまり、STEP1「銀の認定」達成／健康優良企業認定がなければ、健康経営アワードに申請ができない仕組みになっています。STEP1「銀の認定」達成／健康優良企業認定後、上級認定制度としてSTEP2「金の認定」がありますが、健康経営アワードとの関係は特にありません。

神奈川県は２０１７年からＣＨＯ（Chief Health Officer、健康管理最高責任者）構想（http://www.pref.kanagawa.jp/cnt/f534558/p1052635.html）を開始させ、２０１９年５月末現在、参加事業所数は４５９（公開を希望する事業所のみ掲載）となっています。こちらは県版となり、経済産業省が推進している健康経営アワードとの関係はありません。

さらに神奈川県では、横浜市も２０１７年から独自の「横浜健康経営認証」制度を開始しています。こちらは、県のＣＨＯ構想とも、経済産業省が推進している健康経営アワードとも関係はなく、横浜市独自の取り組みとなります。

現在は、各省庁、都道府県（協会けんぽ含む）、市町村ごとに表彰＆認定制度がある状

図２－３　「健康経営アワード」と東京都の健康優良企業との関係

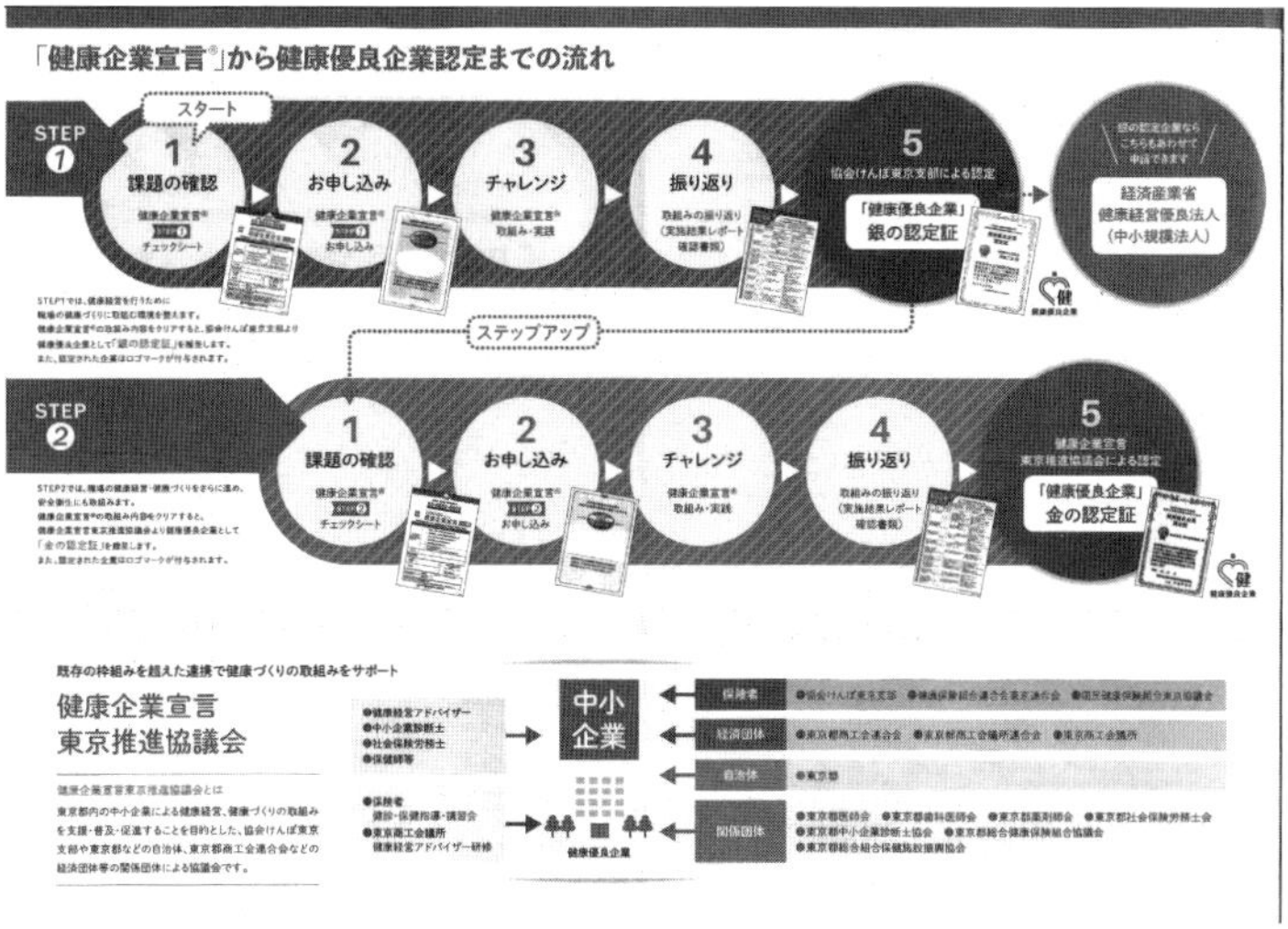

（出典）「「健康企業宣言」をはじめましょう！」（全国健康保険協会東京支部）

態になっています。取り組む企業側からみると、申請には少なからず手間がかかりますので、書式の統一、また経済産業省の推進している健康経営アワードを取得した際、まとめて都道府県、または市町村の表彰&認定が取れるなどの整理が求められます。

注6 働く人とその家族の健康を守るため、事業主と協会けんぽ東京支部が連携し取り組む制度。https://www.kyoukaikenpo.or.jp/shibu/tokyo/cat070/collabo271210-1

4　ブームの理由

◎民間の取り組み

次に民間を見てみましょう。「はじめに」のとおり2006年にNPO法人健康経営研究会が設立され、健康経営フォーラムを毎年開催しています。2014年から健康経営会議、2015年からは日経BP社主催の日経健康経営フォーラム（2017年まで）、2016年にはHHHの会の研究会、2018年から健康経営カンファレンスが開催されています。また展示会としては日本経済新聞社と日経BP社共催の健康経営EXPOが開催されています。

書籍では、「健康経営」の前の概念であった「健康会計」で、2010年に、『よくわかる「健康会計」入門―社員と会社を元気にする』（法研）を、産業医科大学の森晃爾教授が産業医の、また産業医を輩出する立場から書いています。その後、同年に前述の『会社と社会を幸せにする健康経営』（勁草書房）で初めて「健康経営」の名を冠した書籍が発行されました。編著者は当時慶應義塾大学大学院経営管理研究科（ビジネススクール）の田中滋教授で、「健康経営」という言葉を使用しており、内容は医療費の削減が目的で、手法はメンタルヘルス対策と、厚生労働省の管轄の内容でした。

2014年には、こちらも経済産業省委託事業の成果から『人材マネジメントの大転換「健康戦略』の発想と着眼点』（中央経済社）が発行されました。内容は、経済産業省の資料をもとに構成されています。さらに同年経済産業省の委託事業を受託していた東京大学健康経営ユニットの主要メンバーの一人である東京大学古井祐司特任教授が『社員の健康が経営に効く』（労働調査会）を発行しています。

2015年には、初めての「健康経営銘柄」発表後、『日経ビジネス』2015年6月15日号の特集で「時代は『健康経営』エクセレントカンパニーに新条件」が掲載され、ブームにひと役買いました。さらに同年、日本に「健康経営」を紹介した岡田邦夫氏が「『健康経営』推進ガイドブック」（経団連出版）を発行しました。その後、「健康経営」のブームは加速し、「健康経営」と冠する本が多く発行されてきました。2019年1月には、『健康経営とワークプレイス』（日本ファシリティマネジメント協会）と、ファシリティの領域にまで広がりをみせ、健康経営という切り口が利用されています。

私は、健康経営銘柄が初めて選定された2015年から昭和女子大学の学生と共に「健康経営」の訪問研究（現在の「健康経営 新井研究室」Arai LAB https://www.facebook.com/AraiLabo/）を始めました。当時「健康経営」の訪問研究に参加してくれた大学生は、昭和女子大学全学年5000名強を対象に募ったにもかかわらず、1人しかいませんでした。1000人以上の卒業生を輩出する女子大学では就職率ナンバー1と、就職へのアンテナが高い女子大学生たちでも、当時は「健康経営」の認知度は3%と低く、またキャリアセンター長の教授にも「健康経営」は知られていませんでした。

しかし2017年の訪問研究には、訪問先企業が増えたことに加え、ある事件がきっかけで、定員上限の25名の大学生が参加してくれました。その事件とは、2016年末に起きた大手広告代理店電通の「高橋まつりさん事件（電通違法残業事件[7]）」です。電通では、1991年にも同様の過労自殺（電通事件）が起きており、25年たって再度悲劇を起こすことになりました。

学生は連日メディアで放送されていた「長時間労働」や「ブラック企業」という言葉に敏感になり、同年発表された「健康経営優良企業（大規模法人部門）」ホワイト500を見て、就職の参考にホワイト企業を知りたい、また研究したいと、多くの女子学生が参加してくれました。ちなみに「ブラック企業」という言葉の認知は、「ブラック企業大賞[8]」という企画が始まった2012年が契機とされています。リクルートの対象になる大学生にも、ブラック企業という言葉が浸透していきました。

◎経済産業省等の取り組みとインセンティブ

もう一つ「健康経営」がブームになった理由は、経済産業省の推進手法です。私の研究は、経済産業省ヘルスケア産業課の協力をいただいていますが、委託事業に該当するわけではなく、研究に影響を与えていませんので、忌憚のない意見を書くと、大変上手に立ち回って、かつさまざまな施策を繰り出しているとの印象があります。ヘルスケア産業課設立後、初期は東京大学の健康経営ユニット（現在はデータヘルス研究ユニットに名称変更）に委託し、アブセンティズム（欠勤による損失）やプレゼンティーイズムの研究を行い、日本でのエビデンスを蓄積しました。同時に、経済産業省内の「次世代ヘルスケア産業協議会 健康投資ワーキンググループ」のメンバーや委託事業の成果から途切れることなく本を出版したり、中小企業への普及促進のため委託事業として東京商工会議所認定の「健康経営アドバイザー制度」（初級）[9]とエキスパートアドバイザー（旧上級）[10]を新設しました。

徐々に、「健康経営」に資するサービスを提供する保険会社を中心に、名刺に「健康経営アドバイザー」が肩書として記載されるようになり、普及にひと役買いました。

そしてブームの最大の理由は、厚生労働省と日本医師会との連携と、健康経営優良法人（大規模法人部門）をホワイト５００と名づけた点です。

多くの政府系の施策や認定制度は、省庁ごとに設定し、正直縦割りの印象がぬぐえませんし、同様な施策が別の省庁から始まったり、既得権益からの横やりで停滞したりするのが常でした。しかし「健康経営」においては、当初から厚生労働省と足並みをそろえ、日本医師会から認められた稀有な推進と制度になったおかげだと推察します。

また経済産業省が企業に対し、ホワイト企業と認定するのは、従来の管轄が厚生労働省のため、違和感がありました。しかし、経済産業省が認定企業をホワイト５００としたことで、認定を受けた企業は、経済産業省のお墨付きを得たホワイト企業として、リクルートの際に使用し始めました。特に学生の採用市場では、企業がホワイト企業と名乗っていなければ、学生側がグレーまたはブラック企業ととらえるようになりました。これは学生の誤解ですが、働いたことがないため、同じ業界でもホワイト500認定企業に就職を希望するようになりました。

結果、健康経営優良法人（大規模法人部門）ホワイト500に認定されると、人材採用において同業他社より優位に立つため、各企業がこぞって取得を目指すようになり、普及が加速しました。

最後に、健康経営に取り組むと、前述の日本本政策投資銀行「DBJ健康経営（ヘルスマネジメント）格付融資」(https://www.dbj.jp/service/finance/health/index.html) の融資優遇や金利優遇等のインセンティブがあります。

図2-4のとおり、インセンティブを目標に取り組む企業は少ないと思いますが（認定後結果的に利用する事例はある）、公共調達の際に加点評価となるのは、公共事業に参加

図2-4　健康経営アワード等取得時のインセンティブ

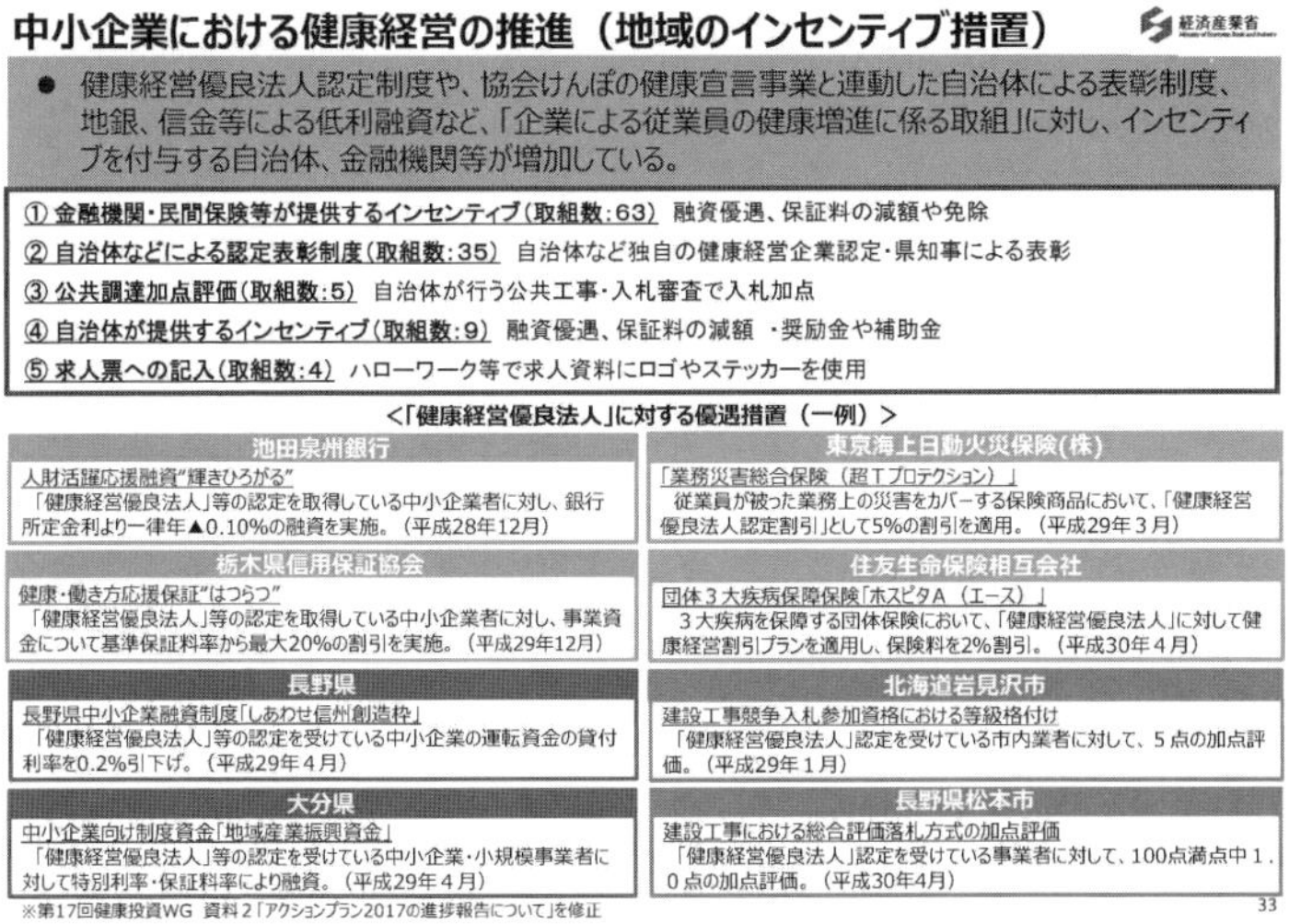

（出典）経済産業省ヘルスケア産業課「健康経営の推進について」（2018年）

する企業にとっては大変価値が高く、取り組み動機にも強く影響を与えることが期待されています。

注

7　労働基準関係法令違反に係る公表事案。厚生労働省労働基準局監督課

8　ブラック企業大賞。ブラック企業大賞実行委員会　http://blackcorpaward.blogspot.com/

9　２０１６年開始、２０１９年現在延べ２万８０００人以上が受講し、１万人が認定されました。

10　２０１９年開始、第１回２月22日には２２３人が初認定されました。

5 現在の「健康経営」は産業安全や労働衛生の延長

◎産業安全と労働衛生の関係

産業安全は、1916年に工場労働者を保護する目的で工場法が施行され、始まりました。1947年には工場法に代わる法律として、労働基準法が制定されました。1964年には「労働災害防止団体等に関する法律」が制定され、その後産業社会の進展に即応できる労働災害、職業病防止のための総合立法の必要性が叫ばれるようになり、1972年に「労働安全衛生法」が制定されました。

学術界では、安全に携わる者が集まり、経験と研究結果を情報交換することにより相互研鑽を図る機会として、1932年に産業福利協会（現中央労働災害防止協会）の主催による「全国産業安全大会」が開かれ、戦争による中断を経て、名称を「全国産業安全衛生大会」に変更して現在まで続いています。

労働衛生は、当初は産業安全に含まれていました。しかし1938年に工場法が「工場医」を規定し、1947年に制定された労働基準法で、伝染病や職業病の予防だけでなく、環境改善・健康増進などの新しい課題へ対応するために「医師である衛生管理者」制度が設けられ、産業安全から派生しました。さらに1972年に制定された労働安全衛生法が「産業医」を規定し発展してきました。

学術界では、１９２９年から「産業衛生協議会」が発足し、その後日本産業衛生学会と変更し現在まで続いています。また学校としては、労働安全衛生法により、一定規模以上の事業場に労働者の健康管理を担当する産業医の選任が義務づけられ、労働衛生管理に精通した産業医の確保が喫緊の課題となり、１９７８年に産業医学の振興や資質の高い産業医を養成することを目的として産業医科大学（https://www.uoeh-u.ac.jp/）が設立され、多くの産業医を輩出してきました。

このように、企業内（職場やオフィス）の安全（産業安全）や環境改善や健康増進等（労働衛生／産業衛生）は、長い歴史を経て、日本の企業に根付いています。よって現在の「健康経営」の概念である、「企業で働いている従業員の健康状態が良好でなければ、会社業績は向上しない」は、一般的に労働安全／産業衛生に属すと考えられます。

一方、労働安全／産業安全の多くは法律で義務づけられていることもあり、企業経営者側は「法律を遵守しさえすればよい」と考えたり、産業医等の保健スタッフに丸投げをしたり、またこれらの費用をコストとしてとらえる風潮が続きました。

このように法律違反にならない最低限の取り組みを促進していた企業があるのも事実です。しかし、現在は「健康経営」に取り組むことで競争優位に、またイノベーションにも利用する企業が現れています。その際、労働安全／産業安全にとどまることなく、経営戦略としての視点が「健康経営」に取り組む際に必要となることでしょう。

◎今、必要とされる健康経営

ではなぜ、政府は従来の労働衛生／産業衛生の延長で取り組まなかったでしょうか。わざわざ2010年に経済産業省が参入しなければならなかったのでしょうか。

理由の一つに、社会的背景があります。従来の社会保険制度では、将来にわたって制度を維持するのが困難なことが予測されました。そこで医療費の膨張を抑え、削減することが必要となったのです。さらに年金財政の維持のため、定年を延長し生涯現役社会への転換を図ることにもなりました。これらの社会的背景から、従来の社会保険の管轄をしていた厚生労働省に代わり、新しく切り込む制度が必要となっていました。さらに企業側には、精神疾患の増加や人手不足への対応、従業員の平均年齢の上昇により病気になっても働ける環境整備（両立支援）、またイメージアップやリクルートへの期待がありました。

もう一つの理由は、従来の労働衛生は、法律を守ることに主眼が置かれ、企業側が取り組みをコストとしてとらえていたことです。次章以降で詳しく述べますが、「健康経営」にかけるコストからのリターンは、膨大な効果を生みます。つまりコストではなく投資（健康投資）に該当するのです。

企業側は、工場新設の投資リターンや新規事業の投資リターンと同様に、「健康経営」の投資リターンを比較できるようになり、「健康経営」が「経営事項」になってきました。つまり、工場新設よりも「健康経営」の投資リターン（リスク管理も含む）が高ければ、「健康経営」に投資が向かうということです。

そしてもう一つ、忘れがちですが、学生の将来の働き方です。現在20歳の学生は、医療の進歩により平均１００歳まで生きられるそうです。そして社会的背景等により80歳以上まで働くことが予見されています。そのような働き方の未来があると仮定すると、基礎にあるのは健康状態が良好であるということです。

一度精神疾患に罹患すると、健康状態が良好なときのパフォーマンスにまで回復する確率が低いことはよく知られています。つまり、良好な健康状態を維持しなければ、給与をもらい長く働くことが困難になります。さらに、年齢を重ねるのに比例して、病気の罹患率も高まります。病気になっても働ける職場環境、つまり両立支援も重要になってきます。

そのほかにも、老後が短くなるためワーカーホリックになるのではなく働きながら休暇でしっかり遊ぶ、またＡＩ等技術の変化や新しい産業の出現等の社会の変化に対応するため、学び続ける＝リカレント教育も大事な要素になることでしょう。

これらの理由により、現行の法律を守ることに主眼を置いた労働衛生／産業衛生では、経営戦略や会社の業績アップに対応できない、また将来への対応は難しいということです。ただし、産業安全も労働衛生／産業衛生も社会の変化に対応して発展してきたことに加え、会社の業績アップに貢献する保健事業者も現れ始めましたので、将来「健康経営」が労働衛生／産業衛生に含まれる可能性も残っています。

とはいえ現在の制度や教育では、産業医を含む産業保健スタッフに、「健康経営」の意思決定である「経営事項」まで負わせるのは重荷でしょう。ということは、「健康経営」の担当主幹は、主に経営企画部や人事部等の経営の意思決定を補助する組織が担当するのが妥当だと考えられます。「健康経営」には労働衛生／産業衛生も含みますので、健保組合や産業保健スタッフも参加が必要ですし、実行においてコラボヘルスは重要です。どこに力点を置いて「健康経営」に取り組むか、それこそが経済産業省の「従業員等の健康管理を経営学的な視点で考え、戦略的に実践すること」という「健康経営」の定義です。

では「健康経営」の学術研究はどうかというと、2012年に「東京大学政策ビジョン研究センター 健康経営研究ユニット」が発足し、日本におけるプレゼンティーイズムについて実証したのは前述のとおりです。学会等の口頭発表や寄稿論文はありましたが、残念ながら査読付きの学術論文にはなりませんでした。私も研究者として、労働衛生／産業衛生の代表的な学会である日本産業衛生学会に、第3・4章で記した「健康経営」で期待されるイメージアップ効果やリクルート効果の実証結果を投稿したことがありますが、「産業衛生の範囲ではない」と論文にならず、調査・報告であるとの判断を受けました。これは「健康経営」という労働衛生／産業衛生の分野と社会科学系の企業戦略の分野にまたがるため、査読が困難であったからだと推測します。

一方、同様の米国職業環境医学会では、経営に資する項目（リクルートや株価を含む）の論文も多数あります。今後の日本産業衛生学会が期待されるところです。

本書を執筆した動機にもなりますが、これまでの多くの本は、産業医や労働安全衛生の立場から執筆されています。労働安全衛生の分野から拡張し、経営を論じていますが、これは前述のとおり、歴史を振り返れば当然のことです。また、健康経営アワードの項目（第4章参照）も労働安全衛生の範囲内でした（直近では、禁煙や女性の健康で法律以上の健康投資も求められるようになってきました）。経済産業省の委託事業による成果を発表した本も多くありますが、本書では、日本での取り組みも前進し、そろそろ調査や結果が出てきたことを踏まえ、出発点を変え、経営学から経営戦略、そして労働安全衛生も含め、「健康経営」を論じていきたいと思います。

【参考文献】

・ロバート・H・ローゼン、宗像恒次監訳『ヘルシー・カンパニー──人的資源の活用とストレス管理』、産能大学出版部、1994年。
・フレデリック・W・テイラー、有賀裕子訳『新訳 科学的管理法』、ダイヤモンド社、2009年。
・エルトン・メイヨー、村本栄一訳『産業文明における人間問題─オーソン実験とその展開』、日本能率協会、1967年。
・伊丹敬之、加護野忠男『ゼミナール 経営学入門（第3版）』、日本経済新聞社、2003年。
・「Healthy Workforce 2010 and Beyond」（2009）http://www.acsworkplacesolutions.com/documents/healthy_workforce_2010.pdf
・Loeppke R, Taitel M, Haufle V, et al.,（2009）Health and productivity as a business strat-

egy, A multiemployer study, *Journal of Occupational and Environmental Medicine*, 51, pp. 411-428.

・Kizzy M, Lisa A.,(2008) "Organizational Wellness Programs: A Meta-Analysis," *Journal of Occupational Health Psychology*, Vol. 13, No. 1, pp.58-68.

・Katherine Baicker, David Cutler, Zirui Song, (2010) Workplace Wellness Programs Can Generate Savings, *Health Affairs Worksite Wellness Study*, Health Affairs.

・ロバート・ケーラム、千葉香代子「儲かる『健康経営』最前線」『Newsweek Japan』２０１１年３月号、48－53頁。

・Fabius R,Thayer RD,Konichi DL,et al.,(2013) The link between workfoce health and safety and the health of the bottom line:tracking market performance of companies that nuture a "culture of health," *J Occup Environ Med*, 55(9), pp. 993-1000.

・田中滋、川渕孝一、河野敏鑑編著『会社と社会を幸せにする健康経営』、勁草書房、２０１０年。

・「〝健康経営〟でめざす健康志向の人づくりと風土化」『へるすあっぷ21』３３９号（２０１３年１月号）、16－17頁。

・平成27年度健康寿命延伸産業創出推進事業「健康経営評価指標の策定・活用事業」東大ワーキンググループ報告書、経済産業省ＷＥＢサイト http://square.umin.ac.jp/hpm/index.html

・森永雄太「「健康経営」とは何か―職場における健康増進と経営管理の両立」『日本労働研究雑誌』６８２号（２０１７年５月号）、４－12頁。

・津野陽子、尾形裕也、古井祐司「健康経営と働き方改革」『日本健康教育学会誌』26巻3号、291－297頁、2018年。
・古井祐司『社員の健康が経営に効く』、労働調査会、2014年。
・森晃爾、永田智久、奥真也『よくわかる「健康会計」入門―社員と会社を元気にする』、法研、2010年。
・大和総研経営コンサルティング本部編『人材マネジメントの大転換「健康戦略」の発想と着眼点』中央経済社、2014年。
・「時代は「健康経営」エクセレントカンパニーの新条件」『日経ビジネス』2015年6月15日号。
・岡田邦夫『「健康経営」推進ガイドブック』、経団連出版、2015年。
・似内志朗、齋藤敦子、重綱鉄哉ほか『健康経営とワークプレイス―働く人と経営を元気にするファシリティマネジメント』公益社団法人日本ファシリティマネジメント協会、2019年。
・新井卓二「健康経営の概念とその効果～女子大学生の認知度調査からの提案～」『流通情報』525号、73－79頁、2017年。
・リンダ・グラットン、アンドリュー・スコット、池村千秋訳『LIFE SHIFT（ライフ・シフト）―100年時代の人生戦略』、東洋経済新報社、2016年。
・新井卓二、上西啓介、玄場公規「日本における「健康経営」の期待される効果と取り組み実態」『日本経営システム学会誌』36巻1号、2019年。

第3章

戦略としての「健康経営」

1 期待される五つの効果とアメリカとの違い

◎日本における「健康経営」の期待される効果と実態

第1章で説明したとおり、「健康経営」を環境経営と同じようにCSRあるいはCSVととらえ、積極的に取り組むことでイノベーションの創出に結びつき、ひいては企業の競争優位の確立に貢献する、という考え方があります。そこで本章では「従業員の健康保持・増進の取組が将来的に収益性等を高める投資」として、現在までに判明している「健康経営」を経営戦略としてとらえた〝効果〟を紹介します。

『Newsweek Japan』（2011年）の「儲かる『健康経営』最前線」では、アメリカのジョンソン・エンド・ジョンソングループの実証結果として、「生産性の向上」「医療コストの削減」「モチベーションの向上」「イメージアップ」「リクルート効果」の5項目をあげています。経済産業省も「健康経営」の普及説明に同資料を使用しています。本5項目を経営学的視点から区分けすると表3－1のとおりになります。

効果としては、企業内部への効果（生産性の向上、医療コストの削減、モチベーションの向上）と、企業外部への効果（イメージアップ、リクルート効果）に分けられます。

そこで本書第1章の筆者・玄場公規氏と私たちは、健康経営優良法人（大規模法人部門）ホワイト500の認定が始まった2017年の10月から12月にかけて、東京証券取引所第一部上場法人1873社から、33業種1000社を抽出し、「健康経営」や従業員の健康管理、健康増進の推進者や責任者を対象とした意識調査（実感値）を行いました。

認定から半年以上たたないと効果を実感できないと推測し、また1年後の調査だと翌2018年の認定の効果と混同される可能性があったため、調査期間は認定から8～10カ月経過した段階に設定しました。

各法人の担当者の実感値は、（5．すごくそう思う、4．ややそう思う、3．どちらとも言えない、2．あまりそう思わない、1．全くそう思わない）とし、回答社数を掛け合わせました。また小数点第二位を四捨五入しました。記名式の質問紙調査を行い、回収率は3・6％（36社）となり、うち有効回答数33社を分析に用いました。

表3－1　経営学視点から健康経営の期待される効果

企業内部への効果			企業外部への効果	
生産性の向上	医療コストの削減	モチベーションの向上	イメージアップ	リクルート効果
欠勤率の低下	長期的医療費抑制	家族も含め忠誠心と士気があがる	ブランド価値の向上	就職人気ランキングの順位上昇で採用に有利に
プレゼンティーイズムの解消	疾病予防による傷病手当支払い減		株価上昇を通じた企業価値の向上	

（出典）「儲かる『健康経営』最前線」『Newsweek Japan』2011年3月号より筆者作成

その結果、「健康経営優良法人2017（大規模法人部門ホワイト500）」の認定状況は表3－2のとおりとなりました。上位概念の健康経営銘柄2017を取得していれば、健康経営優良法人（大規模法人部門）ホワイト500は自動的に認定される仕組みとなっているため、参考までに2017健康経営銘柄も記載しておきます。

今後、「健康経営優良法人」は「健康経営優良法人2017」認定の17社とし、その他上場法人は「健康経営優良法人2017」不認定3社＋申請なし13社の計16社を用います。

質問紙には、回答者の所属法人と回答者本人の職域から始まり、独自の設問として自社の「健康経営等への取り組み具合」や、「目標や宣言」「期待している効果」等、その後共通の設問として、期待される効果5項目の「モチベーションの向上」「リクルート効果」「イメージアップ」「生産性の向上」「医療コストの削減」の実感値と、前述のハーバード大学公衆衛生学教授のBaicker et.al（2010）を参考に、「健康投資に対し全体で3倍以上の成果」の実感値、最後に「健康経営優良法人201

表3－2　健康経営優良法人2017（大規模法人部門ホワイト500）」の認定状況

健康経営優良法人2017（大規模法人部門）ホワイト500	社数(健康経営銘柄)
認　　定	17（9）
不認定	3
申請なし	13
計	33

（筆者作成）

7」認定の申請有無の項目を用いました。

共通設問の5項目だけでは各法人の健康経営の目標や取り組みをカバーしきれないと考え、質問紙の前段に各法人の健康経営の取り組みや目標、期待している効果を聞いた上で、後段に共通設問の期待される効果5項目を設定しました。

回答社の「健康経営」や従業員の健康管理・健康増進等に積極的に取り組んでいる度合いは、「5．すごくそう思う」17社、「4．そう思う」12社、「4．どちらとも言えない」4社、「2．あまりそう思わない」0社、「1．まったくそう思わない」0社で実感値4・4となり、回答社の多くの上場法人が積極的に取り組んでいることが窺えます。逆に、取り組んでいない企業は回答を控える傾向があり、回答群全体には一定のバイアスがかかっていると言えます。

残念ながら取り組んでいない企業にこのようなアンケートの回答を求めるのは困難であり、直接のヒアリングを除けば、この回答群が限界だとも考えています。

健康経営等の本格的な取り組みを始めた年数は表3－3のとおりとなりました。

表3－3　健康経営等の取り組み年数

（）は「健康経営優良法人」認定数

取り組み年数	1年未満	1-3年	3-5年	5年以上	計
健康経営優良法人（健康経営銘柄）	0（0）	10（5）	3（2）	4（2）	17
その他	5	9	1	1	16

（筆者作成）

取り組み始めた、または本格的に取り組み始めて3年以内の法人が多く、取り組み期間が短いことが窺えました。昔は従業員の健康管理は自分で行うものであるというのが慣例でした。しかし、ここ数年で急激に健康管理に対する意識が変わり、またストレスチェック制度の実施等により、企業側にも従業員の健康管理に一部責任があるとの風潮がでてきました。これらの社会的風潮により、今後さらに取り組む企業が増え、また取り組みが進んでいくものだと思われます。

2 日本独自の健康経営と期待できる効果

◎「イメージアップ」と「リクルート効果」は目標にあらず

調査票から、健康経営等への取り組みで目指している目標は表3‐4のようになりました。

回答上場法人は、期待される効果5項目とは別に、「その他」として多くの目標（労働時間の適正化、社員の幸せ等）を設定していることがわかりました。次に多かった目標は、「医療コストの削減」、そして3番目は「産業安全分野」でした。今日の働き方改革等と産業安全／労働衛生の延長から取り組んでいる企業が多いことがわかりました。

また医療費の削減は、アメリカ同様近々の課題としてとらえていることも窺えました。ほか、今回の回答の中に「イメージアップ」や、特に人手不足解消のため「リクルート効果」を期待して取り組んでいる企業が多いと推測されますが、外部向け効果の「イメージアップ」と「リクルート効果」を目標に設定している法人はありませんでした。これは数値化や測定が困難なことと、取り組み結果として表れる〝可能性〟があるため、設定しなかったものと推測されます。

次に、期待される効果5項目の実感値と取り組み年数の比較は表3‐5のとおりです。

回答数が少なく統計的には有意でないものの、「健康経営優良法人」のほうが、その他法人より比較できる21項目（1～3年、3～5年、5年以上）のうち18項目で、実感値が高まりました。また「健康経営優良法人」と「健康経営銘柄」では、当然ですが上位概念の「健康経営銘柄」のほうが、実感の平均値が高まる傾向がみられました。

　次に、メインの期待される効果5項目の実感値を、「健康経営優良法人」とその他上場法人との比較で見ると、表3－6のようになりました。

　実感値は、期待される効果のうち、すべての項目で「健康経営優良法人」がその他上

表3－4　健康経営等の目指している目標

		項　目	健康経営優良法人（健康経営銘柄）	その他16社	計
期待される効果	内的効果	生産性の向上	4（2）	2	6
		医療コストの削減（労働衛生含む）	8（5）	10	18
		モチベーションの向上	0（0）	2	2
	外的効果	イメージアップ	0（0）	0	0
		リクルート効果	0（0）	0	0
その他		産業安全分野	6（2）	4	10
		その他	15（9）	11	26

※日本生産性本部と東京大学共催の「健康いきいき職場づくりフォーラム」によると、「いきいき」は組織の生産性向上を目指すものであると定義しているため、目標や宣言の文言に「いきいき」が含まれた場合は生産性の向上に計上した。
（筆者作成）

表3－5　健康経営等の期待される効果の実感値と取り組み年数の比較

取り組み年数	1年未満	1～3年		3～5年		5年以上	
	その他（5）	健康経営優良法人10（5）	その他（9）	健康経営優良法人3（2）	その他（1）	健康経営優良法人4（2）	その他（1）
生産性の向上	3.0	3.7 (3.4)	3.0	4.0 (4.0)	2.0	3.8 (4.0)	4.0
医療コストの削減 上段：現在の削減 下段：長期的な削減可能性	2.4 2.4	3.2 (3.6) 3.9 (3.8)	2.8 2.8	2.7 (3.0) 3.5 (4.0)	2.0 2.0	3.0 (3.0) 3.3 (3.5)	5.0 1.0
モチベーションの向上	3.20	3.7 (3.6)	3.3	3.3 (3.0)	4.0	4.0 (4.5)	4.0
イメージアップ 上段：同業他社比較 下段：採用過程での健康経営の話題数	2.6 2.0	3.6 (3.6) 3.4 (3.6)	2.6 2.6	4.7 (5.0) 4.3 (4.5)	2.0 1.0	3.8 (4.5) 3.5 (5.0)	2.0 2.0
リクルート効果 上段：採用応募者数 下段：離職率	2.6 2.4	3.4 (3.6) 3.0 (3.2)	2.7 2.6	3.3 (3.0) 3.0 (2.5)	2.0 2.0	3.3 (3.5) 3.3 (3.5)	2.0 3.0

※（　）健康経営銘柄
（筆者作成）

場法人を上回り、日本で初めて「健康経営」への投資効果の実感値があったことが示されました。

有意差は、「生産性の向上」「医療コストの削減（長期的に医療コストが削減する可能性がある）」「イメージアップ」「リクルート効果」において示されました。また「医療コストの削減（現在の医療コスト）」「モチベーションの向上」は、有意差が示されませんでした。

「健康経営」等の目指している目標の多くは、表3－4のとおり「その他」や「医療コストの削減」「労働安全／産業衛生」であり、外部向け効果の「イメージアップ」や「リクルート効果」を目標に設定してい

表3－6　期待される効果5項目の実感値と「健康経営優良法人」とその他の比較

	健康経営優良法人17社（健康経営銘柄９社）	その他16社
生産性の向上	3.8**（3.7）	3.0
医療コストの削減 上段：現在の削減 下段：長期的な削減可能性	3.1（3.3） 3.8**（3.9）	2.8 2.5
モチベーションの向上	3.7（3.7）	3.4
イメージアップ 上段：同業他社比較 下段：採用過程での健康経営の話題数	3.9**（4.1） 3.6**（4.1）	2.5 2.3
リクルート効果 上段：採用応募者数 下段：離職率	3.4*（3.4） 3.1*（3.1）	2.6 2.5

※* p＜.05　** p＜.01
（筆者作成）

る法人はありませんでした。しかし実感値は逆で「現在の医療コストの削減」は実感しておらず、また外部向け効果の「イメージアップ」では最高点、「リクルート効果」においては採用応募者数を実感しており、目標とは違う結果となりました。これは取り組み企業でも、年数が少なく、特に外部向け効果の実際の効果が期待できるかどうか半信半疑のため、目標と実感値の間でずれが存在していると推察されました。

まず実感値として最高点であった「イメージアップ」は、目標と設定していませんでしたが、調べたところ、17社中16社が認定のプレスリリースを実施し、メディア掲載等で実感していました。

次に「リクルート効果」も採用応募者数で有意差もあり実感していましたが、離職率は実感値3・1と中間値「3．どちらとも言えない」に近く、実感しているとは言えませんでした。離職率の実感率が低かった理由は、離職理由の多くが「人間関係[11]」であり、企業の経営戦略である「健康経営」では、離職を思いとどめさせられていないと推察されました。

そして「医療コストの削減」においては、「健康経営」に取り組むと、健康診断や再検査・精密検査の受診率が高まり、結果有病率が高まり、短期的に医療コストが上昇するとわかりました。また「長期的な医療コストの削減可能性」の実感値は高く期待を示していますが、現実的には法人内の労働者の平均年齢は上昇傾向であり、平均年齢が高まると当然有病率も高まるため医療コストも上昇し、削減は難しいでしょう。それでも年々上昇している国全体の医療コストの上昇率よりは抑制されることを期待して取り組んでいると推察されます。

ほか、「生産性の向上」が実感していますが、「モチベーションの向上」は実感していませんでした。「生産性の向上」は、目標にもあり、また従業員が健康であれば実感があると予想していましたので、そのとおりの結果でした。「モチベーションの向上」は、すでに法人内で多くの別の取り組みや研修等が継続して行われているため、有意差が得られなかったと推察されます。

このような結果から、現時点では「健康経営」には「生産性の向上」と「イメージアップ」「リクルート（応募者数）」において効果が期待できることがわかりました。また長期的に「医療費の削減」を期待していることもわかりました。逆に「モチベーションのアップ」や「リクルート（離職率）」には効果が期待できないこともわかってきており、今後取り組む企業は、「モチベーションのアップ」や「リクルート（離職率）」の低減を目標にしないほうがよいともいえるようになりました。

表３－７　健康投資に対する３倍以上の健康投資効果の法人の実感値

	健康経営優良法人17社（健康経営銘柄９社）	その他16社
実感値	2.9* （2.7*）	2.1

＊ｐ＜.05
（筆者作成）

次に、健康投資に対し、全体で3倍以上の健康投資効果の実感値を調査したところ、表3－7のとおりとなりました。

「健康経営優良法人」が、その他上場法人に対し、実感値は高く、また有意差は示されましたが、中間値「3．どちらとも言えない」には届きませんでした。アメリカの事例のように、日本の「健康経営」に取り組んでいる多くの法人では、3倍以上の健康投資効果までは実感していませんでした。
今回の調査において、「健康経営」は、日本では取り組み年数3年以内が7割強となり、取り組み年数が短く、期待される効果5項目、またアメリカのように3倍以上の健康投資効果が表れていないと推察されました。

注 11 転職理由と退職理由の本音ランキングBest10、リクナビNEXT WEBサイト
https://next.rikunabi.com/tenshokuknowhow/archives/4982/

3 イメージアップとリクルート効果

◎「健康経営」の投資対外部効果の分析

前節で、「健康経営」に取り組んでいる企業は、最高値「イメージアップ」を効果として実感していることにふれました。そこで、健康経営銘柄2017に選ばれているSCSKと大京に協力を求め、「イメージアップ」の効果測定を行いました。SCSKと大京の会社概要は表3－8のとおりです。「健康経営」以外にも、テレワーク等の先進的な働き方や両立支援を実践し表彰を多数受けている企業となります。

次に、前述の雑誌『Newsweek Japan』（2011年）の「儲かる『健康経営』最前線」から、「イメージアップ」の項目「ブランド価値の向上」「株価上昇を通じた企業価値の向上」、またアンケート項目の同業他社比較と採用過程での健康経営の話題数の実感値は表3－9のとおりです。

表３-８　ＳＣＳＫと大京の会社概要

法人名	ＳＣＳＫ株式会社	株式会社大京
業種	情報・サービス業	不動産業
従業員数(2018.3)	12,054名連結	5,621名連結
開始年度	2010	2015
健康経営銘柄選定	2015、2016、2017、2018、2019	2017
他、受賞＆認定歴	・日経BP社 日経DUAL「共働き子育てしやすい企業2017」グランプリ ・厚生労働省 第1回「働きやすく生産性の高い企業・職場表彰」大企業部門・最優秀賞（厚生労働大臣賞） ・「第5回 健康寿命をのばそう！アワード」（生活習慣病予防分野）にて「厚生労働大臣最優秀賞」	・東京都が主催する「がん患者の治療と仕事の両立への優良な取組を行う企業表彰」において、2016年に不動産業界では初となる「優良賞」

（筆者作成）

表３－９　イメージアップの効果

法人名	ＳＣＳＫ株式会社	株式会社大京
ブランドランキング2016 ※1	458位	—
ブランドランキング2017	437位	—
ブランドランキング2018	421位	—
2016年 株価騰落率	▲16.3%	18.8%
2016年 東証業種平均株価騰落率	3.9%	▲7.7%
2017年 株価騰落率	27.1%	▲6.7%
2017年 東証業種平均株価騰落率	21.0%	1.6%
2018年 株価騰落率	▲25.2%	35.3%
2018年 東証業種平均株価騰落率	▲14.0%	▲10.6%
メディア掲載数 ※2	200※3	129※4
広告換算額	約5億円	約3.38億円
イメージアップ 同業他社比較　実感値	5	4
イメージアップ 採用過程での健康経営の話題数　実感値	5	4

※１　日経リサーチブランド戦略サーベイ
※２　TV、新聞、雑誌（講演、WEBは除く）
※３　2012～2018年
※４　2015～2018年
（筆者作成）

「ブランド価値の向上」では、国内各業種の600社と多くの企業が対象の日経リサーチのブランド戦略サーベイの総合評価ランキングを用いました。SCSKは、少しずつですが年々ランキングを上げており、コンシューマー向け広告を出していない中で、ビジネスパーソンから評価を上げていることがわかりました。大京はランキング外のため算定できませんでした。

次に、先行研究では「株価上昇を通じた企業価値の向上」であったため、株価騰落率を用いて業種平均と比較しました。2016年（20161～20162）は、SCSKは業種平均を下回り、大京は当時珍しかった自社株買い100億を設定したため、業種平均を大きく上回りました。2017年（20171～20172）は、SCSKは業種平均を上回り、大京は業種平均を下回りました。2018年（20181～20182）は、SCSKは業種平均を下回り、大京はオリックスからの公開買い付けのイベントが発生したため、業種平均を大きく上回りました。株価は事業内容や決算月、株式単元数の変更、またM&Aやイベント等により大きな影響を受けることはいうまでもありません。今回は有意な結果は得られませんでしたが、今後も継続して株価を測定する必要が示されました。

補足ですが、「健康経営銘柄」は、初年度の2015年から2018年まで、選定基準に「ROEが業種平均を上回っていること」という条件がありました。株式マーケット関係者はご存知のとおり、一般的にROEが業種平均より高ければ、株価も業種平均より高いのが常識です。つまり2018年までは、「健康経営銘柄だから業種平均より株価が高い」のではなく、「業種平均より株価が高いから健康経営銘柄に選定されている」と言い換えることもできました。したがって、健康経営銘柄は株価パフォーマンスが高いというのは当たり前の話であり、これは前述のアメリカの優良健康経営表彰企業とは違う点でもありました。

メディア掲載数、広告金額換算値は、両社とも健康経営優良法人の上位概念で1業種1社と希少な「健康経営銘柄」に選定されており、実感値が高いこともあって、取り組む年限に違いがあっても、大幅なプラスとなりました。またメディア掲載数は、WEB露出や表彰、講演を除いているため、実際の広告の金額換算値は表記より数倍多いと推測されました。

次に、『Newsweek Japan』（2011年）の「儲かる『健康経営』最前線」から、「リクルート効果」の項目「就職人気ランキングの順位上昇で採用が有利に」、またアンケート項目の採用応募者数と離職率の実感値は表3-10のとおりです。

「就職人気ランキング」は、文化放送キャリアパートナーズ就職情報研究所の「就職ブランドランキング」が700位（公開は300位まで）と多くの企業を対象にしているため、これを用いました。SCSKではプラスの効果は見受けられませんでした。また大京は対象外となりました。結果、アメリカのような効果は外部評価では見つかりませんでした。日本の主要の就職人気ランキングでは、学生の就職希望数が多く、また就職枠がある程度あり、かつ就職人気ランキングの主催社に対し広告を載せると上位にくる仕組みを擁しており、「健康経営銘柄で表彰される」などでは上位に表示されないことがわかりました。

「離職率」は、対象企業を大手未上場を含む全上場企業としている、東洋経済新報社『就職四季報

表3－10　リクルート効果

法人名	ＳＣＳＫ株式会社	株式会社大京
就職ブランドランキング2016 ※1	172	—
就職ブランドランキング2017	114	—
就職ブランドランキング2018	153	—
2016離職率/新卒3年以内離職率 ※2	2.6/6.9	2.7/0.0
2017離職率/新卒3年以内離職率	2.4/4.2	2.0/0.0
2018離職率/新卒3年以内離職率	2.4/6.0	3.3/0.0
リクルート採用応募者数　実感値	4	3
リクルート離職率　実感値	4	3

※1　文化放送キャリアパートナーズ　就職情報研究所
※2　東洋経済新報社『就職四季報総合版 2020』（非現業部門全体の2017年度の同年度期首従業員数に対する割合。ただし定年退職者は含めない）を用いた。さらに3年後新卒離職率も、同上の『就職四季報総合版 2020』を用いた。
（筆者作成）

第3章

総合版』を用いました。ＳＣＳＫ、大京とも、有意な変化は認められませんでした。また日経「スマートワーク経営」調査２０１８では、従業員数５０００人以上１万人未満の企業の離職率は２・３％、1万人以上の企業の離職率が２・４％[12]と紹介しており、平均と近似していました。また3年離職率は、従業員数が５０００人以上や1万人以上のデータがないため比較が難しいですが、厚生労働省の調査による「１０００人以上の事業所における新規学卒者の3年離職率」は24・２％[13]となっており、ＳＣＳＫと大京ともに著しく低い結果となりました。しかし経年での優位な変化はなく、表３‐６「期待される効果5項目の実感値と『健康経営優良法人』とその他の比較」の優位差なしを裏づける結果となりました。

両社ともすでに働き方改革も含めさまざまな施策を行っており、有意な影響は与えないと推察されます。たまに離職率の改善に効果があると発表している企業がありますが、今までの働き方等に問題があり、大幅に改善されたため、有意なデータが示されたものと推察されます。

採用応募者数は、実感値のとおり有意差が示されていますので、健康経営の取り組み年数が長くなると、実感値が高まってくるものと推測されます。さらにＳＣＳＫによると、内定辞退率の改善や、期待する大学や専攻の学生が採用できていると、金額では表しにくいが採用担当者としては好ましい採用環境に改善していると実感していました。

注　12　日経「スマートワーク経営」調査解説（16）https://www.nikkei-r.co.jp/column/

id=6666

13　厚生労働省　新規学卒就職者の離職状況（平成27年3月卒業者の状況）https://www.mhlw.go.jp/stf/houdou/0000177553_00001.html

4 大学生アンケートからみる健康経営

◎「ホワイト企業」と「健康経営」のリクルートにおけるイメージ分析

第2章で既述のとおり、日本政府は「健康経営」普及が促進されているとうたっていますが、リクルート対象の求職者である大学生からはどのように見えるのかをご紹介します。

前述のとおり、私は2016年から大学生と共に「健康経営」の訪問研究を行っています。その際、2016年と2018年に「大学生における健康経営」の認知度調査を行い、その結果が表3－11です。

2016年は調査対象が1大学の女子大学生に限定されていましたので、2018年は男子や他大学も調査対象に含め、男女、国立私立、大規模と小規模等の偏りを減らして大阪大学、明治大学、昭和女子大学、武蔵大学を主に調査しました。大阪大学は「有名企業への就職率が高い大学ランキング」9位[14]、明治大学は最新版「就職に力を入れている大学ランキング」において9年連続1位[15]、昭和女子大学は表3－11のとおり、武蔵大学は「面倒見がよい大学ランキング」3位[16]となっています。

これら4大学は大学からのサポートも充実しており、在学生は就職へのアンテナが高くなっています。その他、日本大学、中央大学、筑波大学、東京家政学院大学、東京経済大学の学生から回答を得られました。

ホワイト&ブラック企業の認知度は、２０１６年は97％でしたが、２０１８年には１００％となりました。２０１５年の電通事件や、２０１２年から毎年続く「ブラック企業大賞」の公表等により、大学生にも認知されていることがわかりました。また「健康経営」の認知度も、３％から14％へ上昇しており、少しずつですが認知が広がっていることが窺えました。政府施策の表彰制度の認知度は表３-12のとおりです。

回答者は就職活動へのアンテナが高い大学生でしたが、１位は「全て知らない」となりました。また「健康経営優良法人」の上位概念にあたる「健康経営銘柄」についても、「ホワイト企業」の認知度が１００％であったのに対し、24人（14％）の大学

表3-11　学生の認知度調査

年　度	2016年	2018年
対象大学	昭和女子大学 ※	昭和女子大学(54)、 大阪大学(47)、 明治大学(36)、 武蔵大学(26) 等
対象人数	211人	169人
男：女	0：211	64：105
ホワイト&ブラック企業認知度	97%	100%
健康経営（銘柄）認知度	3%	14%

※　昭和女子大学は、「就職率ランキング」（サンデー毎日）9年連続女子大学1位。

（筆者作成）

生にしか認知されていませんでした。これは「健康経営」＝「ホワイト企業」と、学生が認知していないと推察されました。

次に、学生はどのような働き方、職場環境を希望するのか、経済産業省が「健康経営」の効果として2016年に行った調査結果（2017年7月公表）は図3－1のようになりました。

就活生においては、第1位は「福利厚生が充実している」、第2位が「従業員の健康や働き方に配慮している」となっていました。また就活生をもつ親の回答は、第1位「従業員の健康や働き方に配慮している」、第2位「雇用が安定している」となっていました。この結果から、経済産業省は、「健康経営」が、学生や親に対して響いている、つまりリクルート効果があると、紹介しています。しかし、設問の「従業員の健康や働き方に配慮している」は、「従業員の健康に配慮」と「従業員の働き方に配慮」に分けられます。関連はありますが、通常「健康」と「働き方」は別物にとらえられることが多いです。今回の設問ではあえて混ぜており、「健康」と「働き方」どちらを重視しているかわかりませんでした。

そこで、2018年に私たちが行った「健康経営」の認知度調査では、就職する企業を検討する際に重視する項目で、「健康」と「働き方」を分けて設問を用意しました。結果は表3－13のようになりました。

経済産業省の調査同様、「福利厚生が充実」が第1位でした。第2位が「従業員の働き方に配慮」、第3位は「従業員の健康に配慮」、同率4位で「雇用が安定」「企業業績が安定」となりました。男女

表3－12　政府施策の表彰制度の認知度

表彰制度	回答数
合　　計	169（100%）
全て知らない	75（ 44%）
ダイバーシティ企業経営百選	59（ 35%）
なでしこ銘柄	38（ 22%）
女性が輝く先進企業表彰	37（ 22%）
健康経営銘柄	24（ 14%）
テレワーク先駆者百選	12（　7%）
均等・両立推進企業	6（　4%）
安全衛生優良事業所	5（　3%）
健康寿命をのばそうアワード	5（　3%）

（筆者作成）

図3－1　学生の働き方調査

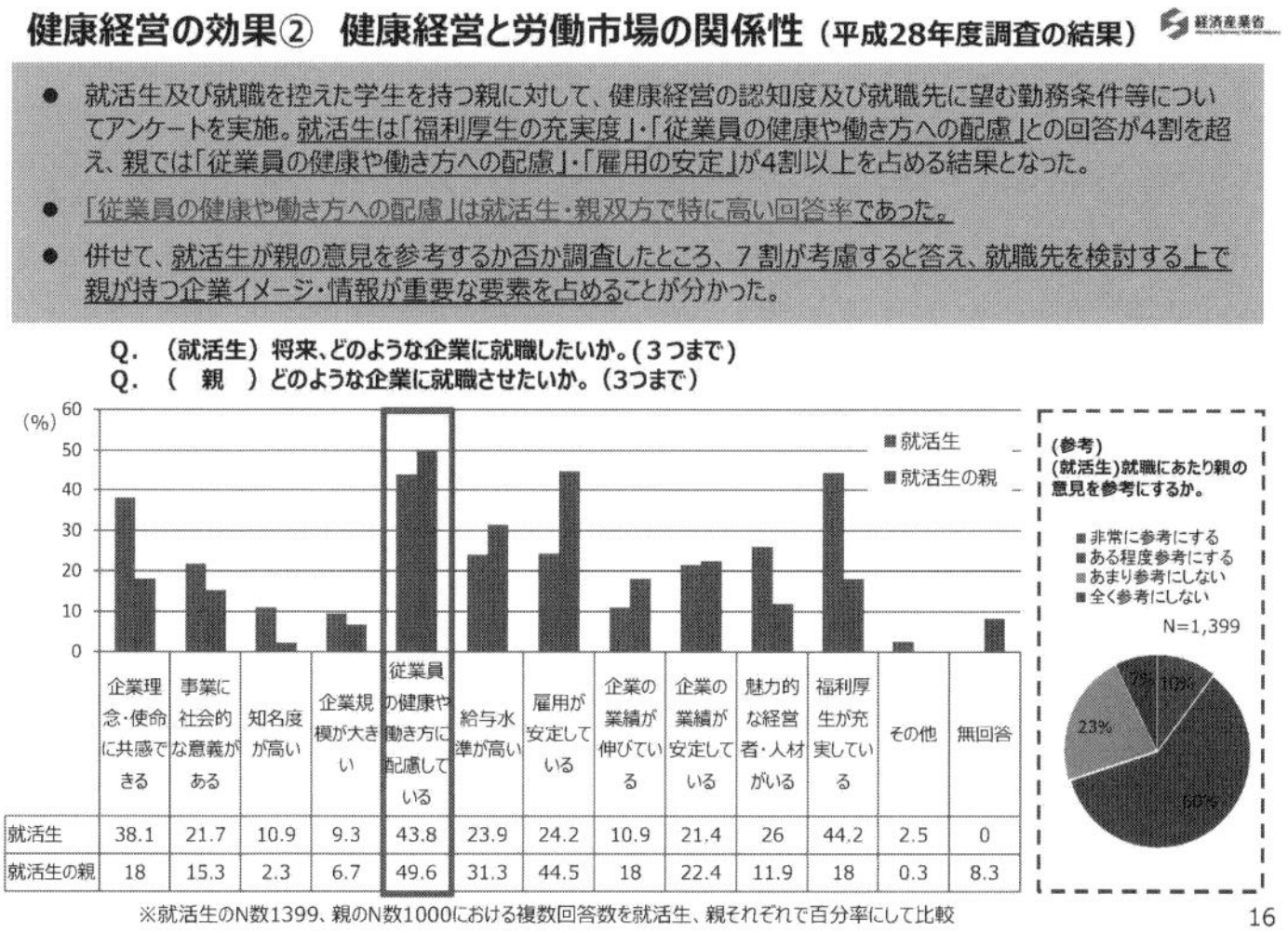

（出典）経済産業省ヘルスケア産業課「健康経営の推進について」（2018年）

共に「福利厚生が充実」と「従業員の働き方に配慮」が1、2位となり、実感値も高く最重視する項目となりました。

私が講義で大学生にホワイト企業のイメージを訊ねると、ほぼ例外なく「残業がない」や「休みがとれる」と答えます。学生は「残業がない」「休みがとれる」≒「従業員の働き方に配慮」と判断したようです。

次に「従業員の健康に配慮」は男性で7位、女性で5位となり、全体で3位となり重要な項目の一つと認識されていることがわかりました。4位は「雇用・企業業績が安定」となり、現代の学生の安定志向を反映していました。

反対に、重視する項目の下位、つまり重視しない項目には、下から3番目に「副業制度がある」や、同5番目に「リカレント教育が充実」がありました。現代社会において、「副業制度」や「リ

表3－13　学生が就職する企業を検討する際重視する項目

<table>
<tr><th></th><th>全体</th><th>男性</th><th>女性</th></tr>
<tr><td>1位</td><td>福利厚生が充実</td><td>働き方に配慮</td><td>福利厚生が充実</td></tr>
<tr><td>2位</td><td>働き方に配慮</td><td rowspan="2">・福利厚生が充実
・給料が高い</td><td>働き方に配慮</td></tr>
<tr><td>3位</td><td>健康に配慮</td><td>雇用が安定</td></tr>
<tr><td>4位</td><td rowspan="2">・雇用が安定
・企業業績が安定</td><td>企業業績が安定</td><td>風通しがよく人間関係が良好</td></tr>
<tr><td>5位</td><td>・企業の業績が伸びている
・働き甲斐・自己の成長が望める</td><td>健康に配慮</td></tr>
</table>

（筆者作成）

カレント教育」は、社会的要請もあり政府が推進していますが、大学生受けはよくないようです。

2018年の「健康経営」の認知度調査では、ホワイト企業とブラック企業のイメージも聞いており、結果は表3-14のとおりです。

ホワイト企業だと思う働き方は、「有給休暇が取得できる」や「残業がない」となりました。また子育てに関する休暇や補助制度が整備されていることもホワイト企業のイメージととらえられました。

対するブラック企業は、男

第3章

表3-14　学生からみるホワイト企業・ブラック企業だと思う働き方

ホワイト	全体	男性	女性
1位	有給休暇（90％以上）が取れる	有給休暇（90％以上）が取れる	保育所または子供補助制度がある
2位	・残業がない（週40時間勤務） ・保育所または子供補助制度がある	残業がない（週40時間勤務）	有給休暇（90％以上）が取れる
3位		産休育休制度がある	残業がない（週40時間勤務）
ブラック	**全体**	**男性**	**女性**
1位	深夜勤務がある	深夜勤務がある	深夜勤務がある
2位	立ち仕事等体を動かすことが就業時間の半分以上ある	同一労働同一賃金である	立ち仕事等体を動かすことが就業時間の半分以上ある
3位	同一労働同一賃金である	新規学卒者の3年以内の離職率が3割以上	同一労働同一賃金である

（筆者作成）

図３-２　「総合イメージ」からの共分散構造分析　N=169

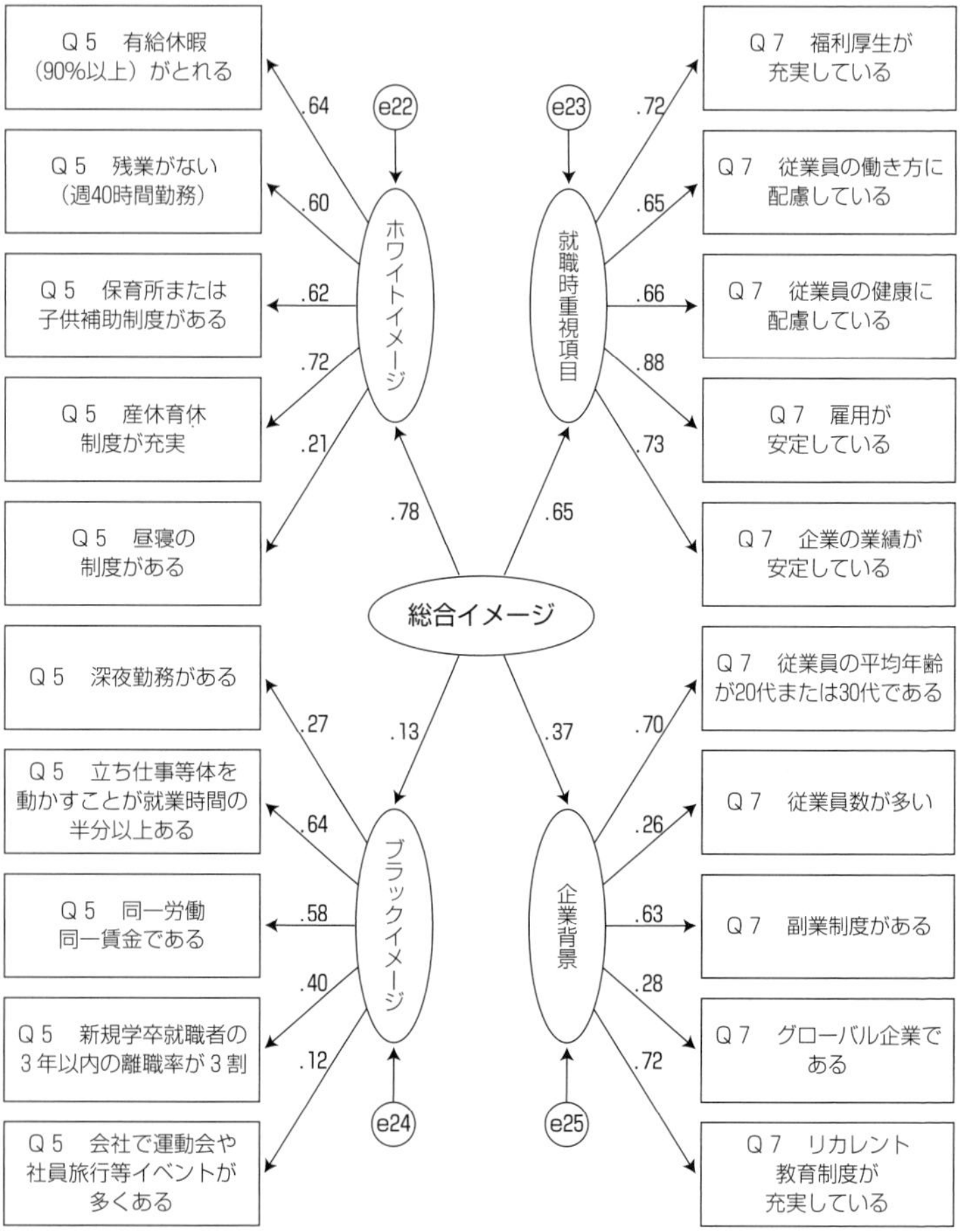

モデルの適合度　GFI=0.890，AGFI=0.865，CFI=0.956，RMSEA=0.036
（筆者作成）

女共に「深夜勤務」が1位でした。特徴的なのは、男性の2位と女性の3位に、「同一労働同一賃金」がランクインしており、現在政府が推進している政策も、学生からはブラック企業のイメージを抱かれることがわかりました。不思議に思い、学生にヒアリングしたところ、「同一労働でも、責任の違いによって賃金に差があるのは当然であり、同一賃金にするのは責任を勘案していない」との返答でした。つまり、正社員の店長とアルバイトが同じ棚卸しの労働をしても、責任の違いによってアルバイトより正社員の店長のほうが賃金が高いのは当たり前である、と考えていました。長く働いている私は、派遣や業務委託、アルバイトの人たちが低賃金で働いている現状を、深刻な社会問題だと思い込んでいましたが、学生の言葉から新たな視点に気づかされました。

質問の最後に、健康経営の定義を説明した上で、「健康経営に取り組んでいる企業で積極的に働きたいと思いますか」と聞いたところ、141名（81%）がYESと答え、就業希望の高さを示しました。

次に、上述の「ホワイト企業」イメージ、「ブラック企業」イメージ、「就職する際重視する上位項目」、「就職する際重視する下位項目」を四つの探索的因子に設定し、すべての因子を合算した「総合イメージ」からの影響を描いた共分散構造分析を示したのが図3-2です。

「総合イメージ」が共通因子となって、さまざまな企業イメージや評価を形成していくことが明らかとなりました。絶対値0・5以上のパス係数に注目すると、「総合イメージ」から「ホワイト企業イメージ」「就職する際重視する上位項目」に正の影響が認められました。

表3－15　就労希望（YES 141/NO 28）と総合イメージの関係

＊p＜.05

独立変数	平均値	標準偏差	95％信頼区間 下限	95％信頼区間 上限	P値
総合イメージ	167.3	16.0	1.076	1.895	0.014*

（筆者作成）

「総合イメージ」と健康経営企業への就労希望をロジスティック回帰分析した結果は、表3－15のとおりになりました。

正の有意な相関が認められ、企業への「総合イメージ」が高い学生ほど、「健康経営」企業への就労希望が高くなることがわかりました。

これらのことから、学生にはホワイト企業≒健康経営企業の認知度のズレはありますが、企業は健康経営優良企業としてホワイト企業と名乗り、具体的には表3－14のホワイト企業の取り組み、または表3－12の上位の制度を実施すれば、学生には響きリクルートに効果が発揮されることが示唆されました。昨今の人手不足の解消に役立つ可能性が高いことが分析でも示されましたので、企業は人手不足の時代になるであろう今後に向けても健康経営に積極的に取り組んでみてはいかがでしょうか。

注

14　「有名企業への就職率が高い大学ランキング」、東洋経済新報社、https://toyokeizai.net/articles/-/237539（2019年5月31日）

15　最新版「就職に力を入れている大学ランキング」、東洋経済新報社、https://toyokeizai.net/articles/-/269714

16　最新版「面倒見がよい大学ランキング」、東洋経済新報社、https://toyokeizai.net/articles/-/264747

5 健康経営の誤解

◎「健康は善」という呪縛

ここでは、よく聞かれる「健康経営」の7つの誤解をひもといていきます。

①「健康経営」＝「データヘルス（計画）」「コラボヘルス」という誤解

一部の本やWEBでは、「健康経営」と「データヘルス（計画）」と「コラボヘルス」を混同しているケースがみられます。これらは管轄が違うことは第2章で詳述しましたが、行う主体も違います。「健康経営」は企業主に経営者等が行いますが、「データヘルス（計画）」は保健事業者が行います。

またコラボヘルスとは、「健康経営」と「データヘルス（計画）」を一緒に実施することを指しており、厚生労働省の管轄になります。ただし、自社独自の保険組合をもたない日本最大の健康保険組合である全国健康保険組合に所属している会社は、40歳以上のデータを全国健康保険組合の支部に提出することはあっても、「データヘルス（計画）」や「コラボヘルス」はできないのが現状です。

そういう意味で、「健康経営」は企業の規模の大小を問わず取り組めますが、「データヘルス（計画）」や「コラボヘルス」は、大企業向けの施策になっています。

②「健康経営」に取り組めば離職率を減らせる、という誤解

経済産業省の「健康経営」の紹介資料にも、期待される効果として「離職率を減らす」が示されています。また企業によっては、離職率減少に効果を与えていると公表していますが、前述のとおり「健康経営」は、統計数字ですので効果を実感している企業も当然ありますが、「離職率」には影響を与えていないことがわかってきました。ただし、リクルートの応募者数には好影響を与えますので、ある程度の離職者（流動性）はあっても、求職者にとって人気の高い企業になることが期待できます。

③大企業より中小企業のほうが「健康経営」に取り組むべき、という誤解

大企業よりも中小企業のほうが働いている人数が少ない分、人材の重みは大きく、むしろ中小企業のほうが切実な問題なので、「健康経営」に取り組んだほうがよい、と思われる向きがあります。しかし、中小企業は以前から人材の重みの大きさは理解しており、病気や子育て等で人手が足りなくなる時期に対し適宜対応しているのが現状です。よって、すでに適応済みであり、あらためて「健康経営」をすすめるのはおせっかいの領域だと考えます。

また、業容拡大でリクルートが必要な会社なら取り組むメリットはありますが、家族経営の会社

第3章

や事業拡大を望んでいない会社にとって、あえて「健康経営」に取り組むメリットは、現時点ではほとんどありません。

④特定の従業員をサポートする、という誤解

「健康経営」ですから、従業員の健康状態やヘルスリテラシーの高低によって、アプローチが異なるのは当然です。しかし、年齢や性別によって区分けし、特定の従業員に対して支援を実施するとバランスを崩します。例えば男性の高齢者のみを対象に休暇を付与すると、高齢者以外の従業員や女性に対して差異が生じ、不公平が生じます。また身体的・精神的にハンディキャップがないのであれば、女性のみを対象にした支援策も不公平感が出ます。

ではどうすればよいかというと、一人ひとりにカスタマイズして対応することです。従業員が多いと大変ですが、これからは健診やその他の身体的・精神的データのビッグデータを、ＡＩ等を駆使し、サポートする必要があります。障がい者やＬＧＢＴに対するサポートの重要性も、言うまでもありません。

⑤インセンティブモデルの限界、という誤解

アメリカの先行研究では、ヘルスケア領域においてはインセンティブモデルが通用しない、と言われています。理由は、インセンティブがなくなると、変容された好ましい行動が元に戻る、とい

うものです。しかし、第5章で紹介するSCSKでは、インセンティブを与えて行動変容を促した後、インセンティブがなくなる、または減っても、行動変容が続き、元に戻らない事例が多数見受けられました。詳しくは後述しますが、行動変容後、特に私生活が充実し、つまりインセンティブによって家族や子どもとの時間の大切さに気づかされ、行動が元に戻れない、または戻らなくなっていました。経過を観測する必要がありますが、大変興味深い事例だと考えています。

⑥「健康経営」によって長く働かされる、という誤解

現在、政府は「生涯現役社会」と題し、一生働く社会を目指しています。このような話を学生にするとブーイングを浴びます。「なぜ先人たちは60歳過ぎで引退できて、老後を満喫できるのに、私たちは引退できずに働くのか。仕組みがおかしい」と。

しかし長く働くことのメリットもあります。それが高齢者の3人に1人がかかると言われている認知症の予防です。最近の研究では、社会に必要とされていることが実感できると認知症にかかりづらい、という結果があり、フルタイムではないにせよ、週に数回または時間単位で働くことは好ましいと考えられています。そのため、企業側には高齢になっても働ける環境を整備する（両立支援）必要があります。

⑦トップダウン型orボトムアップ型の誤解

「健康経営」を始める際、トップダウン型がよいのかボトムアップ型がよいのか聞かれる、または分類しているケースを見ます。結論から書くと、両方とも必要となります。トップが旗を振っているだけでは社員がついてこず、またボトムの担当者だけが取り組んでもトップの了解を得られなければ、全社の取り組みにはなりません。第5章でご紹介する「フジクラ」の浅野氏の言葉を借りれば、「健康経営は、トップダウンで始まり、ボトムアップで完結する」となり、そのとおりだと思います。ぜひ、トップとボトムから挟撃して取り組んでください。

【参考文献】

・新井卓二、上西啓介、玄場公規「「健康経営」の投資対効果の分析」『応用薬理』96巻5／6号、2019年。

第4章

投資効果を上げる健康経営の取り組み

1 健康経営銘柄、健康経営優良法人への取り組み

◎健康経営優良法人2019

本章では、効果を上げる具体的な取り組み手法を紹介します。とりあえず組織内で健康関連のイベントを開くのもよいのですが、具体的な目標を立てたり現時点での欠勤率やロイヤリティーなどの測定を行ったりしておらず、イベント後のアンケート結果を見て満足する、という残念な結果になるケースが多く見受けられます。

本項では健康診断やストレスチェック時に、またES（Employee Satisfaction：従業員満足度）や人事評価に、アンケートや測定を実施することによって、「健康経営」が、従業員や組織に、そして企業に多くの効果を与えていることを実感してもらいたいと思います。次に結果データをもとに、経営者と一緒にさらに進化して取り組んでいただけるネタも提供してまいります。

「健康経営」に取り組むというと、まずは日本健康会議が主催する「健康経営優良法人」の認定を目指すことが多いと思います。もちろん認定など必要なく、独自の取り組みを行う、または「働きやすい会社ランキング」を目指すなど、いろいろと目標はあるでしょう。しかし取り組む以上は外部か

らの評価があったほうが「イメージアップ」や「リクルート効果」を得るためにも、また取り組みを経営陣に説得するためにも、好ましいことは間違いないでしょう。

そこで、「健康経営」の取り組みにおける「健康経営優良法人」の認定は、どのような位置づけになるかというと、私は【リトマス試験紙】と考えます。前述のとおり「健康経営優良法人」は法律の範囲をほとんど逸脱していません。つまり、企業経営の基礎として、法律違反をしない、また最低限取り組んでいなければならない項目を網羅しています。まずは初めの一歩として、「健康経営優良法人」認定を、ホワイト色が変わらない（法律違反等で黒に変わらない）ことをおすすめします。

２０１９年度の健康経営優良法人の認定項目は表４－１のとおりとなります。

ご覧のとおり、項目に違いはありません。ただし認定要件が、中小規模法人のほうが緩くなっています。中小規模法人では、50人以下の事業所はストレスチェック制度等が努力義務になっていたり、衛生管理者の選任義務がなかったり（３００人以下だと産業医の選任義務もない）ため、大規模法人と同じ認定要件では組織体制や人も足りず、認定へのハードルが高いと考えられており、緩和されています。

半面、認定要件が緩いため、中小規模法人ではホワイト５００、つまりホワイトとは名乗れない仕組みにもなっています。２０２０年からは、大規模法人も要件達成の認定と、認定の中から上位５００社が認定されるホワイト５００にカテゴリ分けされます。

初めて取り組む場合は、自社の社員数に関わらず、最初に中小規模法人の項目を確認するとよいで

表4－1　2019　健康経営優良法人

・大規模法人ホワイト500

健康経営優良法人(大規模法人部門)2018認定要件

大項目	中項目	小項目	評価項目	認定要件
1．経営理念(経営者の自覚)			健康宣言の社内外への発信（アニュアルレポートや統合報告書等での発信）	必須
2．組織体制		経営層の体制	健康づくり責任者が役員以上	必須
		保険者との連携	健保等保険者と連携	
3．制度・施策実行	従業員の健康課題の把握と必要な対策の検討	健康課題の把握	①定期健診受診率（実質100%）	左記①～⑮のうち12項目以上
			②受診勧奨の取り組み	
			③50人未満の事業場におけるストレスチェックの実施	
		対策の検討	④健康増進・過重労働防止に向けた具体的目標(計画)の設定	
	健康経営の実践に向けた基礎的な土台づくりとワークエンゲイジメント	ヘルスリテラシーの向上	⑤管理職又は一般社員に対する教育機会の設定	
		ワークライフバランスの推進	⑥適切な働き方実現に向けた取り組み	
		職場の活性化	⑦コミュニケーションの促進に向けた取り組み	
		病気の治療と仕事の両立支援	⑧病気の治療と仕事の両立の促進に向けた取り組み(⑮以外)	
	従業員の心と身体の健康づくりに向けた具体的対策	保健指導	⑨保健指導の実施及び特定保健指導実施機会の提供に関する取り組み	
		健康増進・生活習慣病予防対策	⑩食生活の改善に向けた取り組み	
			⑪運動機会の増進に向けた取り組み	
			⑫受動喫煙対策に関する取り組み（※「健康経営優良法人2019」の認定基準では必須項目とする）	
		感染症予防対策	⑬従業員の感染症予防に向けた取り組み	
		過重労働対策	⑭長時間労働者への対応に関する取り組み	
		メンタルヘルス対策	⑮不調者への対応に関する取り組み	
	取組の質の確保	専門資格者の関与	産業医又は保健師が健康保持・増進の立案・検討に関与	必須
4．評価・改善		取組の効果検証	健康保持・増進を目的とした導入施策への効果検証を実施	必須
5．法令遵守・リスクマネジメント			定期健診を実施していること(自己申告)	必須
			健保等保険者による特定健康診査・特定保健指導の実施（自己申告）	
			50人以上の事業場におけるストレスチェックを実施していること(自己申告)	
			従業員の健康管理に関連する法令について重大な違反をしていないこと(自主申告)	

27

・中小規模法人

健康経営優良法人2018(中小規模法人部門)の認定基準

大項目	中項目	小項目	評価項目	認定要件
1．経営理念(経営者の自覚)			健康宣言の社内外への発信及び経営者自身の健診受診	必須
2．組織体制			健康づくり担当者の設置	必須
3．制度・施策実行	従業員の健康課題の把握と必要な対策の検討	健康課題の把握	①定期健診受診率(実質100%)	左記①～④のうち2項目以上
			②受診勧奨の取り組み	
			③50人未満の事業場におけるストレスチェックの実施	
		対策の検討	④健康増進・過重労働防止に向けた具体的目標(計画)の設定	
	健康経営の実践に向けた基礎的な土台づくりとワークエンゲイジメント	ヘルスリテラシーの向上	⑤管理職又は一般社員に対する教育機会の設定	左記⑤～⑧のうち少なくとも1項目
		ワークライフバランスの推進	⑥適切な働き方実現に向けた取り組み	
		職場の活性化	⑦コミュニケーションの促進に向けた取り組み	
		病気の治療と仕事の両立支援	⑧病気の治療と仕事の両立の促進に向けた取り組み(⑮以外)	
	従業員の心と身体の健康づくりに向けた具体的対策	保健指導	⑨保健指導の実施又は特定保健指導実施機会の提供に関する取り組み	左記⑨～⑮のうち3項目以上
		健康増進・生活習慣病予防対策	⑩食生活の改善に向けた取り組み	
			⑪運動機会の増進に向けた取り組み	
			⑫受動喫煙対策に関する取り組み（※「健康経営優良法人2019」の認定基準では必須項目とする）	
		感染症予防対策	⑬従業員の感染症予防に向けた取り組み	
		過重労働対策	⑭長時間労働者への対応に関する取り組み	
		メンタルヘルス対策	⑮不調者への対応に関する取り組み	
4．評価・改善		保険者へのデータ提供（保険者との連携）	(求めに応じて)40歳以上の従業員の健診データの提供	必須
5．法令遵守・リスクマネジメント			定期健診を実施していること(自己申告)	必須
			保険者による特定健康診査・特定保健指導の実施（自己申告）	
			50人以上の事業場におけるストレスチェックを実施していること(自己申告)	
			従業員の健康管理に関連する法令について重大な違反をしていないこと(自主申告)	

28

（出典）経済産業省ヘルスケア産業課「健康経営の推進について」（2018年）

しょう。その後、大規模法人の対象企業は、健康経営度調査（大規模法人部門／平成30年健康経営度調査サンプル／https://www.meti.go.jp/policy/mono_info_service/healthcare/downloadfiles/2018chosahyo_sample.pdf）を見ることをおすすめします。理由は、健康経営度調査（大規模法人ホワイト５００）の質問は大変多く、また認定項目と直接関係ない質問もありますので、まずはシンプルに項目を確認するため、中小規模法人の項目を確認しましょう。なお、２０２０年度以降、項目が変更される可能性があります。経済産業省ＷＥＢサイトをご確認ください（https://www.meti.go.jp/policy/mono_info_service/healthcare/kenkoukeiido-chousa.html）。

それでは、大項目５個から小項目16個まで、すべて見ていきましょう。また具体的な対策も経済産業省が中小規模法人部門において、例として提示していますので、あわせて表記しておきます。

項目番号１【必須】健康宣言の社内外への発信・経営者自身の健診受診

【適合基準】以下①②のいずれにも該当すること

① 経営者が、全国健康保険協会等保険者のサポートを受けて、組織として従業員の健康管理に取り組むことを明文化（健康宣言書の策定等）し、その文書等を従業員その他の関係者（ステークホルダー）に対し表示（発信）していること

② 健康宣言が明文化された文書は、事業所入口、会議室、応接室等に掲示する又はホームペー

ジに掲載するなど、従業員（社内）及び取引先や消費者など社会一般（社外）の利害関係者のいずれもが閲覧できる状態にすること

項目番号2【必須】健康づくり担当者の設置

【適合基準】
全ての事業場において従業員の健康管理（健康診断や保健指導の実施、特定保健指導の連絡窓口等の実務）を担当する者を定めていること。なお、事業場間の担当者の兼務は、組織マネジメント上合理的な理由がない場合は、原則不適合とする
（衛生管理者、〔安全〕衛生推進者、全国健康保険協会〔協会けんぽ〕の健康保健委員を、担当者の1人としてあてることも適合とする）

項目番号3—1—1　①定期健診受診率（実質100％）

【適合基準】以下①②のいずれかに該当すること
①　やむを得ない理由がある者を除き、労働安全衛生法に基づく定期健康診断における直近の受診率が100％であること

② やむを得ない理由がある者を除き、労働安全衛生法に基づく定期健康診断における直近の受診率が95％以上であり、未受診者に対しては、早期に受診するように適切な受診勧奨を行っていること

項目番号3―1―2　②受診勧奨の取り組み

【適合基準】以下①②のいずれかに該当すること
① 定期健康診断等の結果、再検査や精密検査が必要とされた従業員に対して、受診を促すための取り組み又は制度があること
② 従業員に対し、がん検診等、任意検診の受診を促す取り組み又は制度があること
＊定期健康診断、保健指導、特定健康診査・特定保健指導や、女性の健康に特化している受診勧奨は、この項目の評価対象外

項目番号3―1―3　③50人未満の事業場におけるストレスチェックの実施

【適合基準】
従業員50人未満の全ての事業場において、労働安全衛生法に定められたストレスチェック制

度に準じて、ストレスチェックを実施していること
また は、従業員50人未満の事業場がなく、かつ、労働安全衛生法の義務である従業員50人以上の事業場におけるストレスチェックを実施している場合も、本項目を満たしているものとする（その場合、下記の記載欄の「50人未満の事業場の有無」の「無し」をチェックすることにより適合とする）

項目番号3―1―4　④健康増進・過重労働防止に向けた具体的目標（計画）の設定

【適合基準】
従業員の健康課題を踏まえ、従業員の健康保持・増進、過重労働防止に関する計画を策定し、具体的な数値目標や計画、実施（責任）主体及び期限を定めていること

項目番号3―2―1　⑤管理職又は従業員に対する教育機会の設定

【適合基準】以下①②のいずれかに該当すること
①　1年度に少なくとも1回、管理職や従業員に対し、健康をテーマとした従業員研修を実施している又は外部機関主催の研修等に参加させていること（個人が任意で受講している研修等は

含まれない）
＊女性の健康課題等に関する理解促進のための研修・セミナーの実施は（【項目番号3―3―4】「⑫女性の健康保持・増進に向けた取り組み」において評価し、本項目においては評価の対象外とする）少なくとも1か月に1回の頻度で、全従業員に対し、健康をテーマとした情報提供を行い、周知を図っていること

項目番号3―2―2　⑥適切な働き方実現に向けた取り組み

【適合基準】
組織として時間外勤務の縮減や有給休暇取得の促進など、仕事と家庭生活の両立に向けた環境づくりのための取り組みを継続的に行っていること
＊超過勤務時間の把握のみでは不適とする

項目番号3―2―3　⑦コミュニケーションの促進に向けた取り組み

【適合基準】
従業員同士のコミュニケーション向上に寄与するイベント等の取り組み又は外部機関主催の

イベント等への組織としての参加を、1年度に少なくとも1回以上定期的に実施していること
＊単に従業員の中の有志により開催・参加を募ったものは不適とする

項目番号3―2―4　⑧病気の治療と仕事の両立の促進に向けた取り組み（⑮以外）

【適合基準】

従業員の病気の治療と仕事の両立支援に向けて、組織としての取り組みを行っていること。具体的には、治療を要する従業員の相談窓口等を明確にし、その周知を図っていること、あるいは対象者の支援体制の整備等の対策を定めていること
＊メンタルヘルス不調者に対するサポート体制の整備や職場復帰支援の取り組みについては、【項目番号3―3―7】「⑮メンタルヘルス不調者への対応に関する取り組み」において評価するものとし、本項目では、評価の対象外とする

項目番号3―3―1　⑨保健指導の実施又は特定保健指導実施機会の提供に関する取り組み

【適合基準】以下①②のいずれかに該当すること
①　健康診断等の結果、特に健康の保持に努める必要があると認められる従業員に対し、医師又

は保健師による保健指導の機会を提供していること

② 保険者による特定保健指導の実施を促すため、指導時間の就業時間認定又は特別休暇認定や指導のための場所の提供等の取り組みを行っていること

項目番号3―3―2 ⑩食生活の改善に向けた取り組み

【適合基準】

従業員の健康課題に基づき、従業員の食生活の改善に向けた普及啓発等の取り組みを継続的に行っていること

（従業員の健康増進に向けた目標（【項目番号3―1―4】参照）や、従業員の健康課題をもとにしていない取り組み、食生活の改善を直接の目的としていない取り組みは不適とする）

項目番号3―3―3 ⑪運動機会の増進に向けた取り組み

【適合基準】

従業員の健康課題に基づき、従業員の運動機会の増進に向けた取り組みを継続的に行っていること

第4章

（従業員の健康増進に向けた目標〔【項目番号3―1―4】参照〕や、従業員の健康課題をもとにしていない施策、運動機会の増進を直接の目的としていない取り組みは不適とする）

項目番号3―3―4　⑫女性の健康保持・増進に向けた取り組み

【適合基準】
女性特有の健康課題に対応する環境の整備や、従業員が女性特有の健康課題に関する知識を得るための取り組みを継続的に行っていること

項目番号3―3―5　⑬従業員の感染症予防に向けた取り組み

【適合基準】
従業員の感染症予防に向けて予防接種に要する時間の出勤認定、感染者の出勤停止等、感染症予防や感染拡大防止に向けた取り組みや制度を実施していること

項目番号3―3―6　⑭長時間労働者への対応に関する取り組み

【適合基準】
従業員の労働環境を踏まえ、長時間労働者（超過勤務80時間を超える者）が発生した場合（管理職を含む）の、過重労働防止に向けた具体的な対応策を事前に定めていること
ただし、2017年4月1日より申請日までの期間において、全ての従業員（管理職を含む）の1か月あたりの超過勤務時間が45時間を超える月がない場合には、基準を満たすものとして取り扱う

項目番号3―3―7　⑮メンタルヘルス不調者への対応に関する取り組み

【適合基準】
メンタルヘルス不調予備群に対する相談窓口を設置し、その周知を図っていること又は不調者が出た場合の支援体制の整備等の対策を定めていること
なお、ストレスチェック実施の範囲内の対応のみである場合は不適合とする

項目番号3—3—8【必須】受動喫煙対策に関する取り組み

【適合基準】
従業員の受動喫煙防止に向け、全ての事業場において、①敷地内禁煙、「労働安全衛生法の一部を改正する法律に基づく職場の受動喫煙防止対策の実施について」（平成27年5月15日付け基安発0515第1号）の「4 受動喫煙防止のための措置」を基に、②屋外喫煙所の設置（屋内全面禁煙）又は③喫煙室の設置（空間分煙）を行っていること
ただし、顧客が喫煙できることをサービスに含めている宿泊業、飲食店等で屋内全面禁煙又は空間分煙が困難な場合においては、上記通達に基づき、④喫煙可能区域を設定した上で当該区域において適切な換気を行っている場合も適合とする（喫煙室内以外禁煙においては、非喫煙場所にたばこの煙が漏れないよう措置を講じていること）

項目番号4【必須】（求めに応じて）40歳以上の従業員の健康診断のデータの提供

【適合基準】以下①②のいずれかに該当すること
① 保険者に対し、従業員の40歳以上の健康診断のデータを提供していること
② 保険者からの求めに応じ、40歳以上の従業員の健康診断のデータを提供する意思表示を保険

者に対し行っていること

いかがでしょうか。こちらは中小規模法人部門の申請書からの抜粋ですが、大変詳しく記載されており、また取り組む内容もわかりやすくなっていると思います。大規模法人の方も、ぜひ参考に取り組んでみてください。

認定において、取り組まれている企業から問い合わせを受けますので、2点アドバイスさせていただきます。

① 記録を残す：取り組んではいても活動がわからなければ認定されません。イベント等を実施したら、また案内を出したら、必ず実施の写真や案内のスクリーンショットを残しておくことが必要です。また、自社のブログやSNS等あれば、そちらでも取り組みを報告することが大切です。社内報等自社内で完結するのではなく、あわせて外部発信することも大切です（詳細は本章の3でふれます）。ぜひ広報・IR等と連携し、CSRや統合報告書等公式な資料も含め、積極的に社外へも発信していきましょう。

② 項目はすべて埋める：大規模法人部門では、取り組み上位50％が認定、また中小規模法人では、不認定になった際、理由は開示されません。なお、大規模法人部門は健康経営度調査の結果レポートで項目が認定されたかどうか開示されます。よって、すべての項目が埋められるくらいの活動が必要となります。

認定制度初年度には、一つの項目を達成しているから大丈夫だろうと思っていた企業が、結果不認定になった事例を聞きました。ぜひ、全部の項目が埋められるように「健康経営」に取り組んでいきましょう。

2　取り組みの基本

◎健康経営に取り組んだ際、組織において表れる効果

「健康経営」のリトマス試験紙である「健康経営優良法人」への具体的な取り組みの後は、そもそもどのような効果測定や手法を使って「健康経営」に取り組んだらよいかをご紹介します。

まずは、健康経営に取り組む前に準備・用意しておく指標を表4－2にご案内します。

【効果高い】とは、「健康経営」に取り組めば、効果が表れる確率が高い指標です。「生産性」では、欠勤率が一番わかりやすいでしょう。また営業利益率を人数で割ってもいいですし、一人当たりの時間営業利益率等が考えられます。「イメージアップ」は、外部機関のイメージランキングでもいいですし、メディアに取り上げられた回数や広告換算額も考えられます。「リクルート」は、応募者総人数や内定辞退率、ターゲット校の採用数が考えられます。新卒の場合、大学生の減少数を勘案すると、応募者数に変化がない場合は、効果があったと考えられます。「ロイヤリティー」とは、ES（社員満足度）や評価制度からのアンケート、またエンゲージメントに該当する「長く勤めたいか」などのアンケートが考えられます。

【効果あり】とは、「健康経営」に取り組んだ際、通常取得したほうがよい指標です。ただこの指標

第4章

だけでは物足りません。まず「プレゼンティーイズム」は、WHO：WHO Health and Work Performance Questionnaire（short form）Japanese edition（ＷＨＯ健康と労働パフォーマンスに関する質問紙〔短縮版〕日本語版、http://www.hcp.med.harvard.edu/hpq/info.php）や、「東大1項目版プレゼンティーイズム」（東京大学政策ビジョン研究センター健康経営研究ユニット作成の「病気やけががないときに発揮できる仕事の出来を100%として、過去4週間の自身の仕事を評価してください」という設問）があります。

「プレゼンティーイズム」で気をつける点は、主観的評価、つまり気分によって数値が大きく変動する点です。目安としては使えますが、過去の例からみると測定にバラツキが大きく、しっかりとした目標として使うには厳しいと考えています。

アンケート（ヘルスリテラシー・参加意思・コミュニケーション等）は、事前にヘルスリテラシーとして「自分の健康に興味があるか」や「自分の生活習慣を変更したいか」「健康イベントが開催されたら参加したいのか」等です。アンケート結果から従業

表4－2　健康経営に取り組んだ際、組織において表れる効果

効果高い	生産性	イメージアップ	リクルート	ロイヤリティー
効果あり	プレゼンティーイズム	アンケート（ヘルスリテラシー[17]・参加意思・コミュニケーション量等）		イベント参加率・満足度
効果みえにくい	医療費	モチベーション	離職率	

（筆者作成）

員の現在のヘルスリテラシーや今後の目標の数字が決定できます。

さらに、次項のとおり「健康経営」に取り組むと、コミュニケーションの総量が一時的に上がることがわかりました。仕事も含め「健康」をキーワードとしたコミュニケーション量を測定するのもよいでしょう。

「イベントの参加率・満足度」は、過去のイベントの参加率・満足度と、今後実施する予定のイベントの参加率・満足度となります。気をつける点は、今まで実施していなかった施策を行うと、例えばヨガ教室を開催し、事後アンケートで満足度を測ると、「体が柔らかくなった」「血の巡りがよくなった」「リフレッシュできた」と答え、満足度が高くなる傾向があります（今まで何もしていなかったのですから当然です）。新しい施策を行えば当然「満足度」高くなる。それだけを見て効果があったというのは危険ということです。

【効果みえにくい】とは、「健康経営」に取り組んだ際、目に見える効果として表れにくい指標です。

「医療費」は、前述のとおり短期的に上昇が見込まれます。その後も定年延長や新入社員の減少による社員の平均年齢の上昇による有病率の上昇等で、医療費の削減は期待しないほうがよいでしょう。長期的な医療費の削減を期待する場合は、現在の医療コストと同様か上昇率の低減を目標とし、年々上昇している国全体の医療コストと比較し取り組んでいきましょう。

「モチベーション」は、ＥＳやアンケートで「やる気」を測定します。こちらも、健康経営に取り組んだだけでは効果は表れづらいでしょう。他のリーダーシップ研修等と組み合わせて行うとよいで

第4章

しょう。「離職率」は、全社員の離職率だけでなく、3年以内離職率も測定しましょう。そして健康に起因した離職率とそれ以外では別々の離職率と考えて測定しておきましょう。

「離職率」が下がったと答える企業がたまに見受けられますが、そもそも健康に起因した離職率が高いようであれば、それは「健康経営」の取り組み以前に、別の問題（職場環境やパワーハラスメント等の精神的ストレス）が存在すると考えて間違いないでしょう。今後のデータで変更もありえますが、現在のところ健康に起因した離職率の変化は、表れづらいと考えています。

◎アプローチ手法

次に、従業員へのアプローチ手法は図4－1のとおりです。

最初に、健診結果やストレスチェックの結果から、従業員をランキングまたはカテゴリ分けします。その後、治療が必要な従業員には医療従事者による介入を、また治療をするほどではないものの健康状態がよくないカテゴリの従業員には、ハイリスクアプローチで介入します。次に、全従業員を対象に介入するポピュレーションアプローチに取り組むといいでしょう。

もう一つ、ヘルスリテラシーでもランキングできます。ポピュレーションアプローチの取り組み、例えばウォーキング大会を開催すると、ヘルスリテラシーが高い従業員が積極的に参加する例が多いようです。つまり、数多くの健康関連のイベントを開催しても、特定のヘルスリテラシーの高いカテゴリの従業員のみが参加することになりました。それでは、ポピュレーションアプローチの意味がありません。

そこで、ヘルスリテラシーの低い層にもアプローチできる手法として、「職場環境の改善」が考えられます。例として以下の項目があります。

① 食堂や売店を利用した食への介入は、ヘルスリテラシーのカテゴリに関わらず多くの従業員が食堂を利用するので、満遍なく介入できます。

② 毎朝出勤時の階段の利用や一駅ウォーキングでは、みんなで一時的にでも実施し、習慣化できれば参加率が高い施策になります。

③ スタンディング机の設置や床に歩幅を表示する、エレベーター前にストレッチコーナーを設置するなども、手軽かつコストをかけずにできる方法です。

④ マッサージやリラクゼーションルームの設置は、ヘルスリテラシーが低いカテゴリの参加率が高いのが特徴です。

経済産業省が公表している「健康経営オフィスレポート

図4-1　アプローチ手法

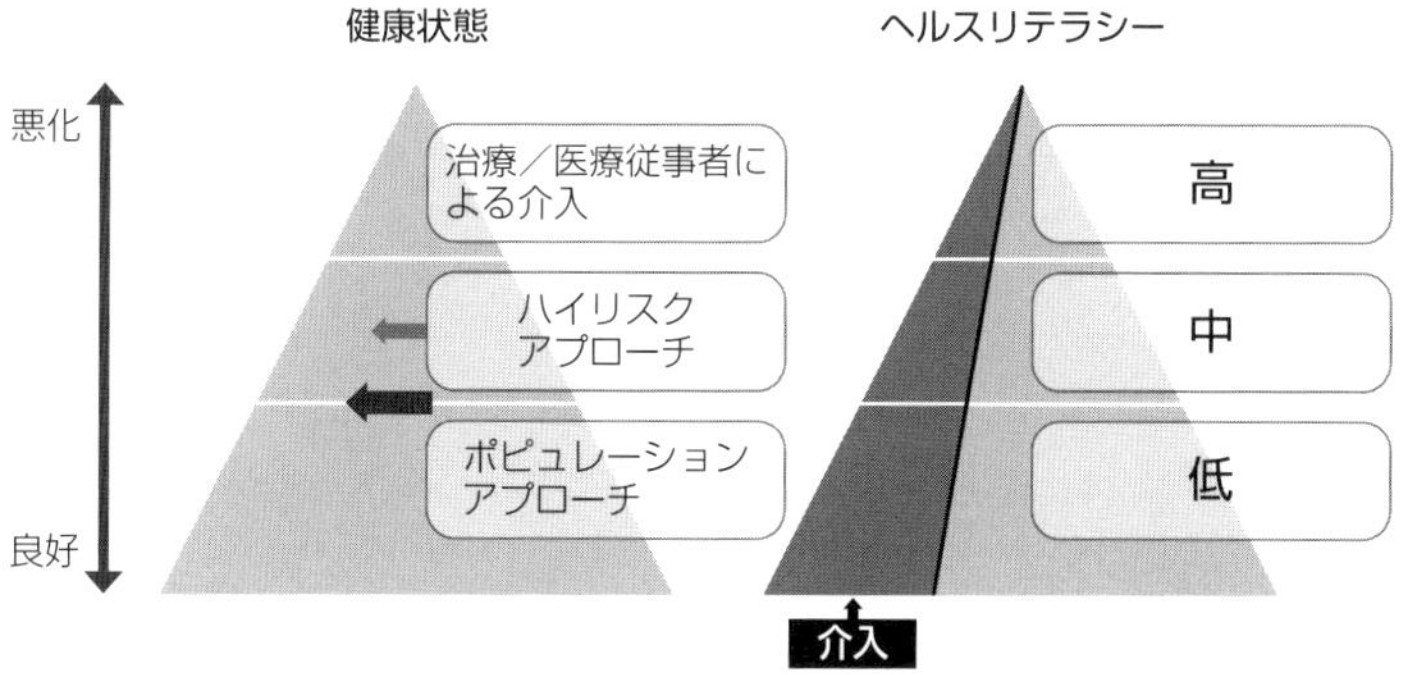

（筆者作成）

従業員がイキイキと働けるオフィス環境の普及に向けて」(https://www.meti.go.jp/policy/mono_info_service/healthcare/downloadfiles/kenkokeieioffice_report.pdf) も参考に、ヘルスリテラシーでも分析して、介入手法や環境整備を考えてみましょう。

注 17 健康に関する情報を入手し、理解し、効果的に活用するための個人的能力のレベルのこと

3 波及効果と効果を最大化する健康経営手法

◎健康経営の効果の波及

「健康経営」に取り組むと、どのように効果が表れてくるのでしょうか。日本は取り組んでいる年数が短いので、エビデンスが足りませんが、研究で取材した波及図の仮説図4‐2を紹介します。

「健康経営」に取り組むと、最初に「コミュニケーションの増加」が発生します。仕事量や質について、上司と部下で、組織で、企業で話し合いがもたれるようになります。さらに「コミュニケーションの増加」は、従業員同士の会話に「健康」というキーワードが追加されます。社内では会話の多くが仕事についてですが、ここに新たに自分や家族、同僚の健康が加わり、従業員と組織の「ヘルスリテラシー」が向上します。これが基礎となり、「生産性の向上」「イメージアップ」、また「医療コストの削減（一時的には上昇）」に効果が波及していきます。

次に、短期的に（＋）の効果が表れるのは、内的効果の「生産性の向上」と外的効果の「イメージアップ」です。「生産性の向上」は「健康経営」に取り組むと効率的な働き方≒労働時間削減にまで影響を与える（詳細は本章の5参照）ため、1時間当たりの売り上げや利益率等の指数は改善するでしょう。また「イメージアップ」は、メディアや就職イベントの際、実感できることだと思います。

逆に（−）は、前述のとおり「医療コストの削減」です。一時的に医療費がかさむからです。

次に表れてくる効果は、外的効果「リクルート効果」と内的効果の「モチベーションアップ」です。「リクルート効果」は、通常「イメージアップ」の次、または同時に表れる事象ですので、多少のタイムラグがあります。効果は採用応募者数、内定辞退率等で実感できることだと思います。

また「モチベーションアップ」も現れます。前章表3-6のとおり、「モチベーションアップ」は効果を実感しにくい項目ですが、「イメージアップ」から「モチベーションアップ」に影響を与える企業がいくつかありました。代表的な事例は第5章でご紹介するSCSK株式会社です。同社では、「イメージアップ」でメディアに多数掲載された結果、会社への従業員のロイヤリティーが著しく向上したり、長く勤めたいとの意向が増えたりしています。メデ

図4-2　健康経営の波及図

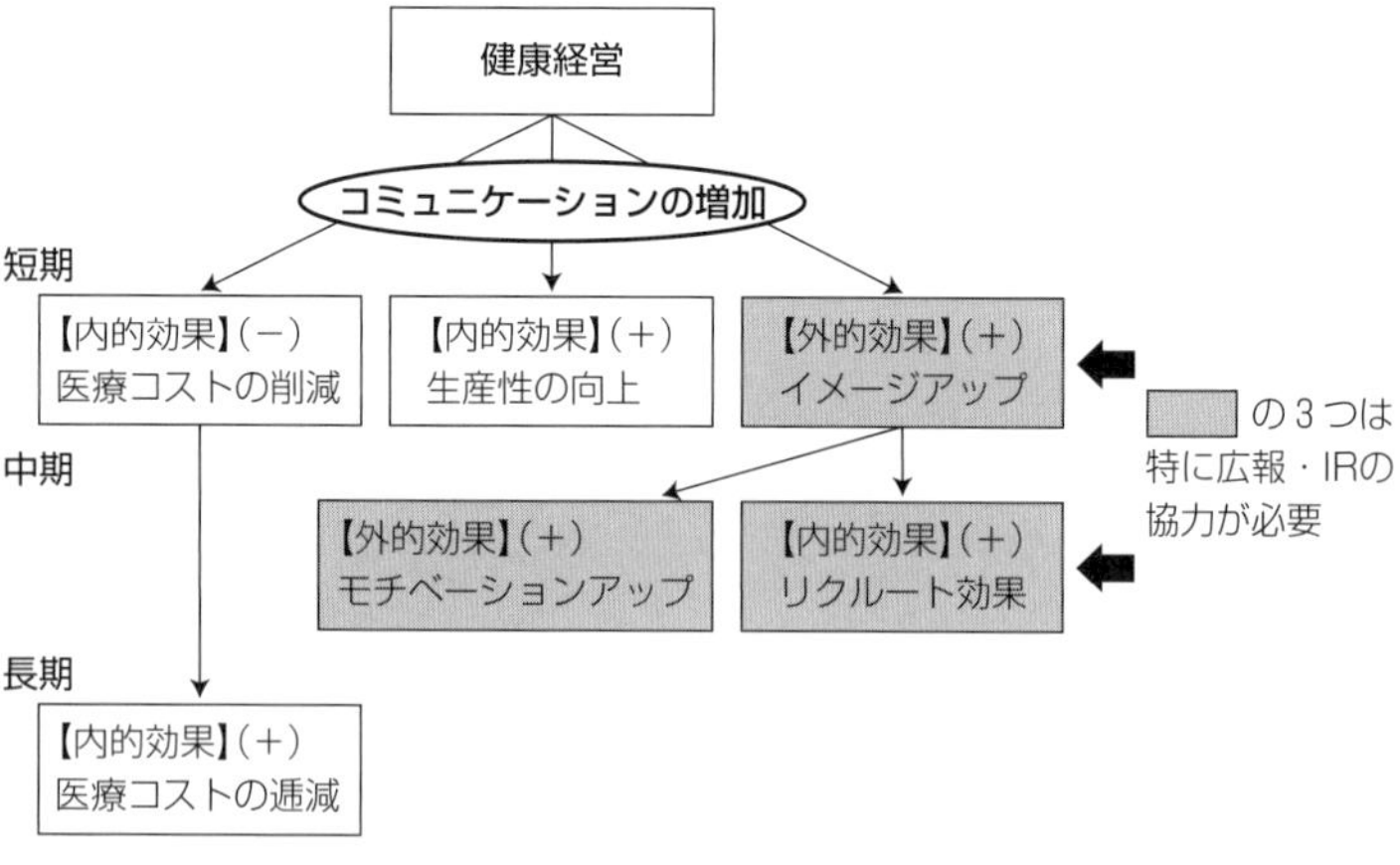

（筆者作成）

ィアを通じ、従業員の家族や友人がよい会社だと認識し、「いい会社に勤めているね」などと伝えることにより、本人にとっても第三者からの評価として好意的に受け止めることができるのです。

従業員自身は、現在の職場環境に慣れているため実感しにくいのですが、家族や友人に言われることで勤めている会社をよい会社と再認識するそうです。また早く帰れるようになると、子どもや家族と過ごす時間や習い事、運動などの自分の時間が増え、ワーク・ライフ・バランスが保たれて、勤めている会社のイメージが改善されるそうです。

最後に、長期的には「医療費の削減」が期待されています。こちらは日本ではまだ取り組む年限が短いためエビデンスをもとに説明できませんが、平均的な医療費の増加額に対して増加額の逓減が期待されています。

◎最大化する手法

ここまでは波及効果について説明してきましたが、前記図4－2においてボトルネックになるのはどこかおわかりでしょうか。そのボトルネックを解消すれば、健康経営の効果が最大化されます。それは「イメージアップ」です。「イメージアップ」に注力すれば、その先の「リクルート効果」「モチベーションアップ」へと効果が波及します。

では、具体的に「イメージアップ」はどのようにしたら効果を発揮するかというと、広報・ＩＲとの密な連携です。通常、表彰制度を受賞すると広報・ＩＲからプレスリリースを発表しますが、多くの会社が取り組んでいるため、それだけではメディアでは取り上げてくれません。そこで、企業内の「健康経営」への取り組みメンバーに広報・IRを加え、広報・IRから積極的にメディアに接触する、などが考えられます。

広報・IRから積極的にメディアに接触したり、広報・IRが健康経営の取り組みメンバーになっていたりする会社は、第3章で紹介した株式会社大京があげられます。再度になりますが、大京では、当時広報・IR室が積極的にメディアに取り組みを紹介し、結果テレビで放映されたり雑誌に掲載されたりして、3年で広告換算額約3億3800万円の効果を得ていました。また第5章のSCSKでも5年で広告換算額約5億円の効果があったそうです。このように、広報・IRが密に連携することによって、「イメージアップ」の効果だけでなくその後「リクルート」や「モチベーションアップ」へ効果が波及していきます。

企業の担当者は、広報・IRとの連携など当たり前だと思われるかもしれませんが、通常の広報・IRは表彰制度を受賞した際は、担当部署から連絡を受けてプレスリリースを打つ、受け身のスタンスが多いようです。しかし戦略的に広報・IRが「健康経営」に絡むと、同じ取り組みでも、本質はずらさず「このように見せたほうがメディアを含む社外また社内報への周知もうまく浸透する」などとアドバイスをすることが可能です。社内への浸透を図る意味でも、広報・IRと積極的に連携していきましょう。

4 日本で初めての投資リターンと効果測定

◎健康投資効果

健康投資効果の測定にあたっては、まずは投資額、そして効果の金額換算が必要になります。第3章表3－1の先行研究のとおり、企業内部への効果と外部への効果に分けられ、内部への効果は以下の理由により試算が困難でした。

・生産性の向上　⇩　欠勤率に人件費を掛け合わせたり、プレゼンティーイズムの試算から変化率を測り金額換算したりするが、欠勤率のデータの未開示やプレゼンティーイズムのデータに限界（第3章の5参照）がある

・医療費の長期的削減　⇩　取り組み年限が短く、まだ効果が実感されていない

・モチベーションアップ　⇩　実感値が低く、また健康経営以外の取り組みが多いため健康経営の成果として特定できない

そこで、企業外部への効果のイメージアップとリクルート効果のみを対象とし、第3章の4で取り

上げたＳＣＳＫと大京にヒアリングを行った結果、試算すると取り組み年数による金額の大小が見受けられましたが、ＳＣＳＫで3倍、大京においては10倍と推計され、日本で初めて健康投資効果が明らかになりました。

特徴としては、健康投資額がアメリカの事例と違いほとんど追加で発生していないことがあげられます。ＳＣＳＫはインセンティブを用意していましたが、「働き方改革」「健康経営」「リモートワーク」と3本柱で取り組んだ成果と考えていただいたため、3分の1としました。また大京は回答を控えましたが、ヒアリングの結果ほとんど発生していないと推察されました。

そもそも国民皆保険の日本と、アメリカのように企業が主に医療保険を負担する医療制度では、法律や基盤となるシステムが違い、日本では投資額が少なく済むことがわかりました。つまり日本において「健康経営」に取り組むのは、法律を遵守し働き方改革等に取り組んでいれば、追加費用がほとんどかからず取り組める経営戦略であるということです。

今回は外的効果の「イメージアップ」「リクルート効果」ともに代理指標で推察しました。調査アンケート（第3章の2参照）の3倍以上の投資リターンの実感値とは違い、少なくとも外的効果の「イメージアップ」において健康投資効果があり、ほかＷＥＢ露出や講演、そして限定的ですが「リクルート効果」も含めれば、少なくとも健康投資額の3倍以上の効果がある可能性が推計されました。さらに、実感値が高く、かつ有意差が示されていた内的効果の「生産性の向上」も加えれば、3倍もしくはそれ以上の健康投資効果が示され、経営者としては工場の新設等と同様に投資先として選ばれる可能性も推察されました。

日本においては、下記の健康投資と投資リターンのイメージは図4－3のとおりです。内部への効果では、最初に社内コミュニケーション、次に生産性の向上、そしてモチベーションの向上が見られます。外部への効果では、社内コミュニケーションの次にイメージアップ、そしてリクルート効果が期待できます。今までの取り組み具合によりますが、多少前後または効果の金額に大小はあっても、結果的にこれらの効果がすべて表れると考えています。

◎健康経営の効果測定手法

健康経営の効果測定は、本章の2「取り組みの基本」で紹介しましたが、一般的にアプリや測定機器を使った際、どのような効果が表れるのかを示したのが図4－4です。

「アプリを導入しただけ」「測定機器を買っただ

図4－3　健康経営の投資リターン

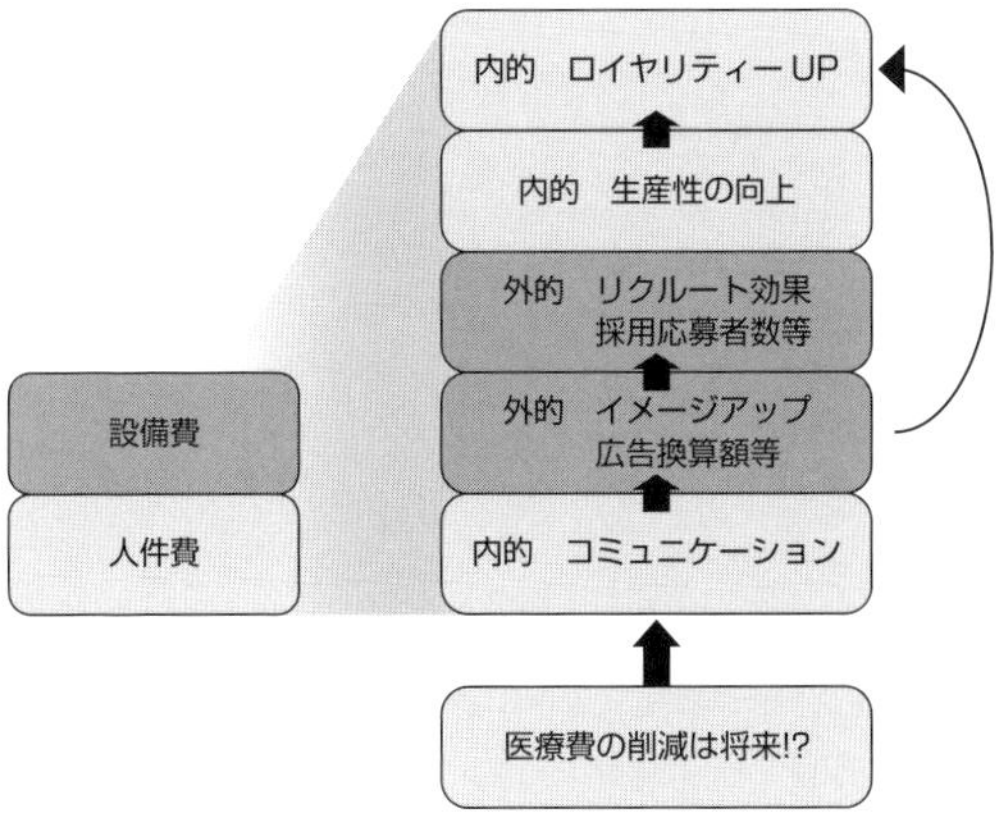

（筆者作成）

図4－4　健康経営の効果測定

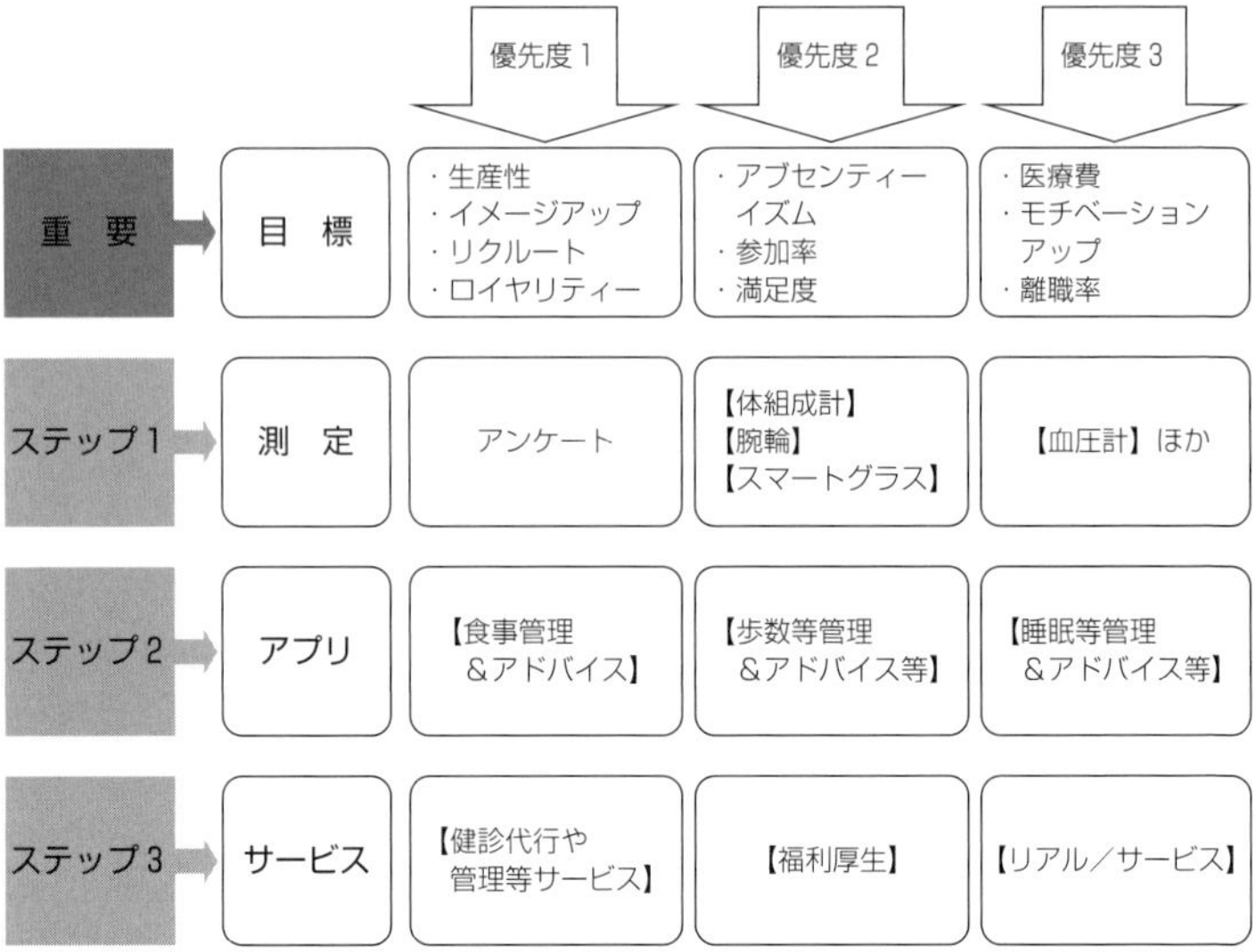

（筆者作成）

け」「新しい福利厚生を含む制度を入れただけ」では、効果測定は困難ですし、健康経営全体への影響も限られます。特に重要なのは前述のとおり、目標です。目標を設定しなければ会社は経営戦略として取り組むことができません。しかし、その前段階で現在の経営指標に関わる数値を測定していないと始まりません。繰り返しますが、取り組み前に測定&アンケートで指標を取得しておきましょう。

【ステップ1】　事前のアンケートにおいて、社員が自分の健康状態や健康増進に興味があるか、また会社が社員の健康増進に介入したら参加するかどうかの意思確認もしておきましょう。もし参加者が少ないようであれば、健康経営ではない、別の戦略のほうが会社に合っているのかもしれません。例えば、ガムシャラに働き自分の能力を高め、近い将来他社に転職または起業するのが企業文化になっている会社であれば、健康経営は向いていないのかもしれません。ぜひ一度自社の社員の意向と状況をご確認ください。

【ステップ2】　食事の改善や歩数イベントが考えられます。測定機器やアプリを利用し、全員が参加できるように工夫するとよいでしょう。ウォーキングでは、スポーツ庁の官民連携プロジェクトである「Fun＋Walk Project（https://funpluswalk.jp/）」の無料アプリが使い勝手がよくおすすめしています。その他睡眠のアプリもよいですが、社員全員が協力して行うようにしましょう。

【ステップ3】　サービスとしての介入です。アプリや制度を入れても参加率は限られます。やはり直接的に人間が接点をもち、個人にカスタマイズして介入するコンテンツがあれば、なお成果は高まることでしょう。ここまでステップが踏めたら仕事量も把握できていることでしょう。そこで手間を削減させるサービスを導入するのもよいでしょう。福利厚生制度もよいですが、従来の制度と変わらないため、経営的視点で見ると増額は判断がしづらいと思いますので、気をつけましょう。

上記を丁寧に、何度も回せば、きっと経営指標の多くに効果が表れているはずです。頑張ってください。

5 「働き方改革」との関係

◎健康経営は戦術・手法⁉

ここからは、働き方改革との関係についてご紹介します。「働き方改革」と「健康経営」は車の両輪、という話を聞いたり、いくつかの本で紹介されたりしていますが、それは戦術または手法である働き方改革と、戦略である「健康経営」を同位に扱っているということです。経営戦略としては、【上位概念 戦略＞戦術＞手法 下位概念】となりますので、「健康経営」が戦術または手法であると思っているか、逆に働き方改革を戦略と思っているかのどちらかになります。ただし「働き方改革」は、その名のとおり改革ですので、戦略というより、戦術または手法と考えるほうが無難でしょう。

そう考えると、車の両輪だと言っている企業や本は「健康経営」が一つの戦術または手法ととらえていることになります。これでは、正直うまくいかないと思います。戦術や手法は流行り廃りがあります。昔はＫＰＩやシックスシグマなどのブームがありました。

「健康経営」は現在ブームですが、前述のとおり多くの投資リターンが見込まれることがわかってきましたので、上位概念の戦略として「健康経営」を位置づけるべきです。また位置づけないと、効果が表れにくかったり、不景気になったりした際にお金がないからやめましょう、となります。取り組みで成果を上げている企業の多くは、「健康経営」を戦略として位置づけ、全社一丸となって積極的に取り組み、企業文化として浸透することを目指しています。「健康経営」を経営戦略にまで引き上げ、取り組んでいただける企業が増えることを切に願います。

◎健康経営と労働時間

働き方改革はほとんど「健康経営」に影響を与えません。一方、「健康経営」は働き方改革へ確実に影響を与えます。第3章でご紹介した「健康経営」に取り組んでいる企業とその他上場法人での残業時間の実感値の5段評価は表4－3のとおりになりました。有意差については認められなかったものの、健康経営優良企業は5段階評価で3・71となりました。また「健康経営」に取り組むと、前述の「健康経営優良法人2019」の項目番号3―1―4「④健康増進・過重労働防止に向けた具体的目標（計画）の設定」や、3―2―2「⑥適切な働き方実現に向けた取り組み」、そして3―3―6「⑭長時間労働者への対応に関する取り組み」があり、労働時間の管理、長時間労働者の削減に取り組まないと認定が受けられない仕組みになっています。ほかに、有給休暇の取得管理があります。

それでは、なぜ「働き方改革」で労働時間の削減を行うだけでは、従業員は健康にならないのでしょう。企業は生産性を上げ、ワーク・ライフ・バランスを図ろうと、また最近ではエンゲージメントを上げようという目的で、労働時間の管理や削減、有給休暇の取得促進を進めています。また外部コンサルタントやITツール等を使い業務改善に取り組んでいます。つまり従業員の健康は、目的や期

表4－3　健康経営と残業時間

	健康経営優良企業（健康経営銘柄）	その他上場法人
残業時間の削減	3.71（3.67）	3.25

（筆者作成）

待される効果に入っていないのです。

残業時間が減れば、当然余暇が生まれます。その余暇をどのように活用するかは、個人に任せられます。ヨガやフィットネスクラブに通う等の健康に投資することもできますが、最近の風潮だと副業やリカレント教育などがあります。はたして余暇に副業や兼業、リカレント教育を行った従業員は健康になるでしょうか。むしろもっと疲れてしまうのではないでしょうか。

では会社が、余暇は健康増進に使うように指示を出したらいいのでしょうか。それでは業務命令に近く、仕事になってしまいます。せいぜい健康関連の余暇に補助金を出すくらいしかできません。しかし、本業のスキルアップのためにリカレント教育に行く従業員と比較した場合、どちらも生産性向上を期待できるので、どちらにも補助金を出すのが公平だと思います。つまり、会社は余暇の使い方を指示することができないのです。

一方「健康経営」は日々の労働時間内、または外で従業員が健康になる環境や制度を用意しているので、働きながら健康になりますし、余暇も生まれます。余暇の過ごし方は何でもよいのですが、会社に来ている（所属している）限り、健康へのサポートが受けられるのです。

第4章

◎働き方も含む健康経営へ

「健康経営」は生産性を向上させますが、働き方改革で用いられるITツールを活用するというイメージがありません。そこで私は、経営戦略としてITツールを活用した、働き方改革も含めた「健康経営」を提案しています。「健康経営」の取り組みでも少しずつ携帯アプリや腕輪等のITツールを使っている例は出てきました。今後は「健康経営」の取り組みを支援するだけでなく、働き方改革も支援または促進するITツールの開発にも期待しています。

補足ですが、第3章の4「大学生アンケートからみる健康経営」において、学生が求める働き方、職場環境の上位に「働き方に配慮」が入っています。これに該当するのは働き方が先進的である企業だと思います。しかし、働き方改革は「働き方に配慮」とイコールではないと考えています。

学生は、残業が少ないまたは有給休暇が取得できるだけでなく、リモートワークや産休・育休制度が使える、保育園がある、助成金がある、さらにはLGBTや障がい者、女性が働きやすい、といった職場環境を求めています。さらにはダイバーシティとして祈祷室やムスリムの食事がある、などの環境制度まで含めて「働き方に配慮」と回答しています。

企業側が現在取り組んでいる働き方改革の本丸「生産性の向上」だけでは、学生には響きません。むしろ働かされるととらえられ、逆効果になることでしょう。健康で長く働くことのできる環境制度こそが、学生に響く働き方改革、つまりリクルート効果をもつ制度となることでしょう。

【参考文献】

・新井卓二、上西啓介、玄場公規「日本における「健康経営」の期待される効果と取り組み実態」『日本経営システム学会誌』36巻1号、2019年。
・新井卓二、上西啓介、玄場公規「「健康経営」の投資対効果の分析」『応用薬理』96巻5／6号、2019年。

第4章

第5章

最新の「健康経営」取り組み事例

この章では、全社をあげて「健康経営」に取り組んでいる企業の担当者のかたに、実際の取り組みの様子と今後の展望、課題などについてご執筆いただきました。

また、「健康経営」のパイオニアともいうべき株式会社フジクラには、これから「健康経営」に取り組む企業に向けて実践的なアドバイスをいただきました。

1　株式会社富士通ゼネラル

健康経営推進室室長　佐藤光弘氏

◎当社の健康経営の取組み

当社は、地球環境対策に貢献する商品として期待されるエアコンを中心とした空調機事業、安心安全な社会づくりに貢献する消防・防災システムや車載カメラの開発・製造・販売を行っており、主な事業所として、生産・開発拠点を海外に6か所、営業拠点を海外に16か所、国内に24か所展開しています。

2017年4月に健康経営推進室を設立、社長をCHO（Chief Health Officer：健康経営最高責任者）に据え、トップダウンによる全社施策として健康経営を推進し、同時に医務室を「健康管理センター」に改称しました。そして「富士通ゼネラルグループ健康宣言」を発信、本格的な活動を開始しました。

健康経営推進室のミッションは、事業の持続的成長の実現に向け、戦略的に健康施策を実現することです。中期経営計画として掲げた〝人を思い活かす経営〟の推進強化のために「働きやすい、働きがいがある職場」「社員全体の意欲・総合力の向上」を目指し、〝健康でいきいきした職場づくり〟に向けて取り組んでいます。

２０１８年中期経営方針より、〝人を思い活かす経営〟をすべての事業活動の基本とし、社員が気力を保ち、変革に立ち向かう職場づくりを実現するため、「健康経営」を重要施策の一つとして位置づけています。

２０１８、２０１９年の健康経営大規模優良法人（ホワイト５００）の認定を受けました。

◎健康経営を取り組み始めた経緯（２０１６年～）

１　経営トップへの課題認識から

当社は、長年の事業構造改革により、間接部門の人員は法令順守・リスクマネジメントに対応できる最低限のリソースで運営していた期間が長く続きました。

そのため十分な産業保健活動、健康増進、職場活性化の取り組みなどができない状況にありました。また、従来の健康管理は、いわゆる健康への取り組みを「コスト」として考えていましたが、この健康経営での健康への取り組みは、将来に向けた「投資」ととらえ、

【会社概要】

社　　名	株式会社富士通ゼネラル
設　　立	1936年１月15日
売 上 高	252,667百万円（2019円３月期　連結）
営業利益	14,589百万円（2019年３月期　連結）
従業員数	7,817名（2019年３月現在　連結）
事業内容	空調機、情報通信の両分野において、製品及び部品の開発、製造、販売及びサービスの提供

「従業員の健康保持・増進が、将来的に収益性等を高める投資である」という考え方に大きく変革していること、当社の健康課題を説明して経営幹部に理解を得ることができました。

2　健康経営の視点による健康課題の分析

①　法令順守・リスク管理の観点からの確実な実践へ
②　診療所機能から産業保健機能へ
③　健康診断結果・疾病の管理情報のアナログ（紙）をデジタル（システム）化し、データの見える化へ
④　健康情報（人事・健康管理・健康保険組合）の連携不足から情報共有・データ連携へ

当社では健康管理を経営的視点からとらえ、戦略的に実践し、持続可能な企業を目指した健康経営に取り組んでいきたい、という思いが経営幹部と課題認識が一致し、健康経営に向けて始動しました。

3　健康経営推進室ができるまで

当時、人材開発部（現在は人事統括部）の労務担当部長が、「戦

図5－1　健康経営と働き方改革

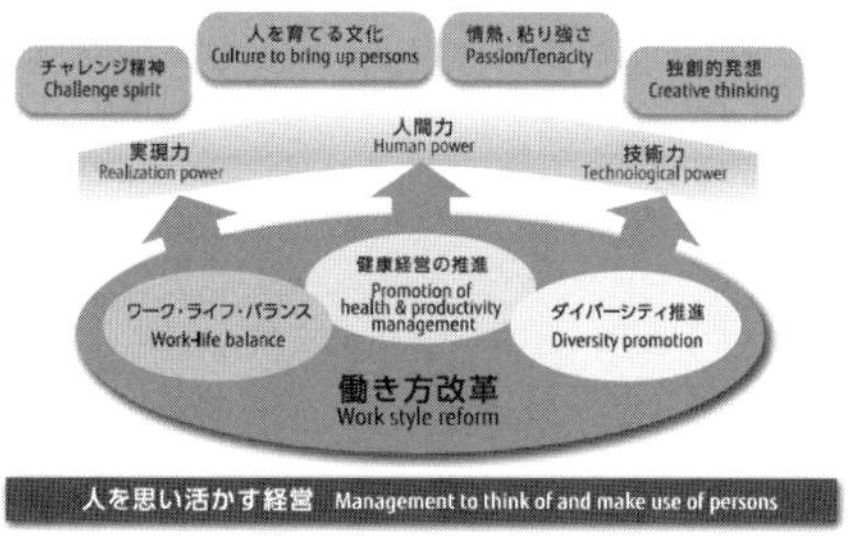

略的健康推進体制の構築」をしたいという、経営者向けの説明資料を知ります。人事労務を担当する部長の思いは、働き方改革を推進する上では、戦略的に健康推進体制を構築しなければなりません。そしてその必要性を感じ、健康経営に資する思いは、経営者や社員もきっと望んでいる時期であることを私は確信しました。その後、先に述べた経営トップへの当社の課題認識、健康経営の取り組みがスタートしました。

それから、健康経営推進室を社長直下の組織として、2017年4月1日に私が室長、彼が兼務の担当部長でスタートしました。私が考える本来の健康経営推進室は、人事部、健康管理センター、健康保険組合、労働組合等、健康課題の実践部隊をつなぐHUBのような役割と考えていましたが、人材開発部や各関連部門で現業以外の新しい仕事を増やす余裕がないため、まずは戦略的健康課題解決に向けて、健康施策の企画立案、そして実践までも当室のミッションとなりました。

実務スタッフとして、5月に元SEの社員と派遣社員の2名を増員。産業保健スタッフは、常勤産業医と看護師の2名体制の診療所

富士通ゼネラルグループ 健康宣言
(Fujitsu General Group Health Statement)

社員そして家族の健康を会社の財産ととらえ、
世界中のお客様に“快適で安心な空間”を
提供する企業として、
“いきいきした職場”で、社員一人ひとりが、
健康で“しあわせ”と“よろこび”を
実感できる持続的企業へ

でしたが、健康経営で最も基礎となる産業保健体制の確立に向けて、産業医のプロである、産業医科大学の教壇にも立っていた方を産業医の先生に迎えました。そして産業医科大学出身の博士課程の産業医の先生として9月から非常勤で勤務していただきました。さらに保健師を1名採用し、ここからようやく健康経営に向けた健康推進体制の基礎ができたわけです。

健康管理センターの産業保健スタッフには、メンタルヘルスの二次予防、三次予防、健康管理業務に専念していただきました。健康経営推進室のスタッフには、社長からの課題でもある、人間力の醸成やいきいきした職場づくりに向けて（メンタルヘルスの一次予防）、全社の健康施策の企画立案と各部門との情報共有をしながら、ポピュレーションアプローチを日々走りながら検討し、実践してまいりました。以下に、ポピュレーションアプローチの実践例として、全社員健康面談、健康いきいきワールドカフェをご紹介します。

◎当社が考える健康経営とは

～自分の最適な健康状態を知り、それに近づける行動力こそが、ヘルスリテラシー～

健康経営の取り組みとは企業にとって、経営者が「社員を大事にしている」「社員に感謝している」「社員をしあわせにする」ことのコミットメント、宣言そのものを表しています。

名称に「健康」とつくことで、単に健康診断の結果で「異常なし」の社員を増やしたり、医療費を

第5章

減らすための疾病予防活動をしたりすることが「健康経営」であるかのように思われがちですが、もっと広義の意味でとらえます。

健康経営は経営戦略であり、人事戦略の柱でもあります。なぜなら企業は人であり、一人ひとりの機微や感性でビジネスが動いているため、その機微や感性を磨き、鋭くするには、当然ながら心身の健康の上に、職場・チームの快適な環境がなければ実現できないからです。

企業の役割は、社員一人ひとりが人として成長できる快適な環境を提供することです。組織員はその快適な環境の中、企業（組織）の理念に共感し、自身の能力（タレント）を発揮して、自社の経営に何らかの貢献をすべく、行動するのが役割です。組織と個人の相互の関係性において企業活動が成り立つのです。

従来、社員の健康の取り組みは、労働安全衛生法による健康診断・安全配慮義務の観点で行われ、加入健康保険組合と連携して実施しておりますが、実際の健康施策である、健康教育・疾病予防等の取り組みは、健康保険組合に任せている企業がまだまだ多いのが現実です。

しかし、健康への取り組みは、当然、健康保険組合だけではできません。事業主が健康に関する投資（ヒト、モノ、カネ、時間）を行うことで、社員一人ひとりが健康への意識を高め、行動変容へ移す。それが健康経営の第一歩です。単に生産性を上げるため、イノベーションを生み出す環境を創り出すために健康を求めるのではありません。社員一人ひとりのヘルスリテラシーを向上させることが重要なのです。

付け加えると、一般的に思われている「健康情報を入手して、理解して、活用できる能力」というヘルスリテラシーの定義を超えて、リテラシーの水準と健康の達成の程度の関係にとどまらず、「自身の最も健康な状態、しあわせな気分（幸福感）を知り、その状態にできる限り近づけていくために行動する能力」とも定義できます。

「人を育てる」という企業の役割そのものが、自身の健康観・幸福感を知り、それに向かう行動力を培う。健康経営のさまざまな施策にはこのような意味があります。現実には、人を育てるはずの健康に関する教育（研修）を、就業時間中にできない企業もまだまだ多くあります。しかし、事業主の実施責任ではない「特定保健指導」の取り組みを積極的に支援しているかどうか、事業主としての健康教育との位置づけから、大規模法人健康経営銘柄申請の回答項目にも含まれています。

事業主と健康保険組合が健康情報を共同活用することにより、社員のヘルスリテラシー向上に努める。これが今の世の中の流れになっているのです。

また、この健康増進の取り組み状況により、健康保険組合毎に保険料率の改訂を検討中というリリースもあり、国がさらなる健康づくりを企業と健保に要請していることは明らかです。企業は健康への取り組みを、健康保険組合に頼るのではなく、人材戦略投資として、健康経営に取り組むことが急務となっています。

◎当社の健康経営の具体的な取り組み
～全社員健康面談・健康いきいき職場づくりワールドカフェ～

当社は前述のとおり、健康経営を始めて2年余りです。経営方針でもある「従業員が気力を保ち、変革に立ち向かう職場づくりの実現に向けて」、健康経営の施策を実施していますが、①全社員健康面談、②健康いきいきワールドカフェの取り組みをご紹介します。

これは利益投資の必要はありません。健康に関する、会社の時間投資と空間投資の考えさえあれば可能です。

この二つの取り組みの特徴は、社員一人ひとりを大事にして、安心・安全に働けることを伝え、そして職場の中で自分の存在感を感じ、共感することができる取り組みとなります。これらは全社員を対象にしています。企業の中の特別な人、特別な職場への取り組みは拡散しません。当社はポピュレーションアプローチを基本として、全社員向けに実施することで、健康を企業文化にしていきたいという願いがあるのです。

①全社員健康面談

２０１９年労働安全衛生法の改正により、従来暗黙知であった社員の心と身体の健康、さらには職場環境にいたるまで、さまざまな健康課題に対応することを健康管理（産業保健スタッフ）の役割とすることが明文化されました。それにより、企業の中の産業保健スタッフの位置づけも明確になり、産業保健スタッフ自身のスキルアップまでもが明文化されました。これは社員の相談窓口として、社員が安心して相談できる空間を企業内にもつことの重要性の表れといえます。

しかし、いくら法律や就業規則が明文化されても、当の社員が気軽に相談できることを体感しないと、初期の段階で相談に申し出ることはありえません。安心して相談できる職場環境、産業保健スタッフとの人間関係が必要になっています。そのため、健康診断の事後措置とは別に、就業時間中、短時間ではありますが、全社員を対象に医療職との面談の機会を設けています。これが全社員健康面談です。

〈期待される効果〉
・社員のセルフケア支援
・組織の健康（職場環境）の把握やリスクの早期発見

図5－2　「健康重視の風土づくり」に向けて

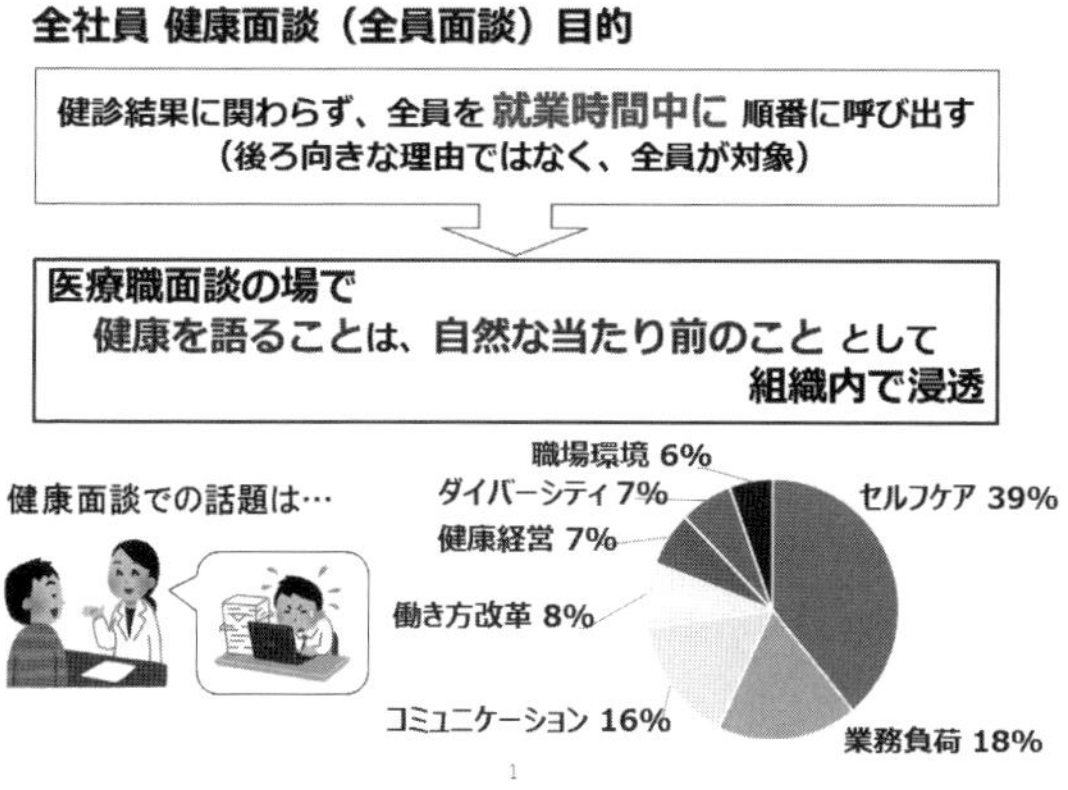
全社員 健康面談（全員面談）目的
健診結果に関わらず、全員を 就業時間中に 順番に呼び出す
（後ろ向きな理由ではなく、全員が対象）
医療職面談の場で
健康を語ることは、自然な当たり前のこと として
組織内で浸透
健康面談での話題は…
職場環境 6%
ダイバーシティ 7%
セルフケア 39%
健康経営 7%
働き方改革 8%
コミュニケーション 16%
業務負荷 18%
1

・経営層に適宜フィードバック

どのような行動変容も、刺激から生まれます。医療職による全員健康面談は、医療職とのコミュニケーションを機に、健康の行動変容のスタートとなり、相談できる健康文化の一つを担っています。従来、健康診断の結果後の保健指導で、医療職（白衣）に呼ばれ、今後の生活習慣の指導を受ける。これがいわゆる健康診断の事後措置です。誰しも自分から進んで相談したいという思いはなく、できることなら面談したくない、という後ろ向きなものです。あたかも人事部に呼ばれて面談しているようなものです。

そうではなく、社員全員に対して健康に関する相談ができる時間を設けて、医療職と現場のハードルを低くするのです。まず医療職の顔を知って、会話をして、何でも相談できる状況を一度作ります。クーポン発行で初回入店の方は50％引き、といった飲食店と同じで、医療職と初めて会うことが始まりです。

全員健康面談は、いくつかの企業で実践されていますが、まだまだ勤務時間中の健康面談実施が全社員に行える職場環境、実施できる医療職のスキルなど条件をそろえるのが難しい状況です。上司や同僚だけが、悩みごとを相談できる人でなく、もう一つ、健康管理センターの医療職にも相談できることが大事なのです。社員と医療職の間で、頼れる、頼られる人間関係を築くことが大切です。

実際に全員面談の実施内容の内訳を見ると、自分自身の健康問題だけではなく、職場の問題、家庭の問題など、その内容は多岐にわたっています。これは守秘義務のある産業保健スタッフにだからこそ、安心して会話ができることだと思います。ここに健康経営の文化の素地があると思います。このようにして、安心して働ける会社（職場）、自分の健康に配慮してくれる会社となるわけです。

②健康いきいきワールドカフェ　職場環境へのポジティブアプローチに活用
～職場活性化への5ステップ～　ツールの紹介と進め方（社内担当者向け）

平成25～27年度厚生労働省労働科学研究費補助金　労働安全衛生総合研究事業「事業場におけるメンタルヘルス対策を促進させるリスクアセスメント手法の研究」から、経営資源として最も重要な〝従業員の心の健康と労働意欲向上〟を目指した、職場環境へのポジティブアプローチ、自社でできる職場改善活

写真5－1　従業員のメンタルヘルスは経営資源！

従業員のメンタルヘルスは経営資源！
職場環境へのポジティブアプローチ
～職場活性化への5ステップ～
ツールの紹介と進め方（社内担当者向け）

平成25-27年度　厚生労働科学研究費補助金　労働安全衛生総合研究事業
「事業場におけるメンタルヘルス対策を促進させるリスクアセスメント手法の研究」
（主任研究者：川上　憲人）
ポジティブアプローチグループ編
2016年3月

動の手本が発表されています。

この手順書の利点は、限られた時間の中、社内で実施できるようにていねいに活動趣旨や具体的な手順が記載されているところです。活性化した職場（いきいきした職場）を目指し、働きやすい職場環境を整えることにより、社員のメンタルヘルスの不調を未然に防げます。また、労働意欲を高く保ち、心身ともに最大のパフォーマンスが発揮できるようになり、職場全体としての生産性が高まることが期待できる、と定義されています。

この「活性化した職場」「いきいきした職場」にするために、社員一人ひとりが職場の強みをイメージしながら考え、意見交換をして、定義をし、具体的に何ができるか考えます。本来はグループ討議の中で意見交換し、職場活性化に向けた活動・記録シートを作成し、今後の活動計画などを発表して活動を始めるものですが、当社はこのグループ討議をワールドカフェ形式に変更し、90分という時間でワークショップを実施しました。

どうしてこの「健康いきいきワールドカフェ」を実施するのか、この位置づけをていねいに説明し、職場全体の強み（アンケート結果）を意識しながら、一人ひとりの強みを再度考え、発言することにより、健康でいきいきした職場のイメージを固めていきます。これによりポジティブな発想から職場のイメージづくりが生まれているのです。

ワールドカフェによるワークショップは、一人ひとりが自由に発言し、共感し、まとめ上げる作業を繰り返します。自由に意見を出し合い、お互いの思いや考えの背景について探求し、相互理解を深めることを目的としています。そのため、カフェのようにBGMを流し、おいしいコーヒーやお菓子を楽しみながら、リラックスした空間・雰囲気づくりをして、自由に意見を出してもらい、相互理解を深め、新たな気づきを得ることを目指しています。

図５－３　職場全体の強み（アンケート結果）

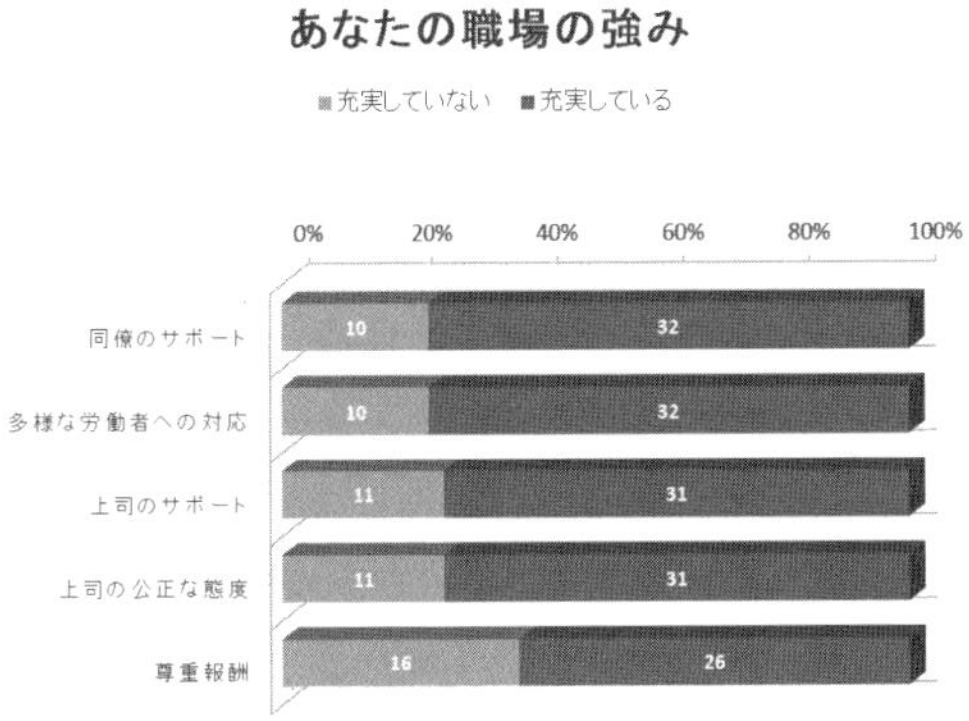

写真５－２　ワールドカフェの様子

第5章

～健康いきいきワークショップのグループ発表～

1）いきいきした職場とは？

2）いきいきした職場に向けて、具体的な取組案を発表

最後に所属長のコメントで終了します。そして各グループがまとめた、いきいきとした職場に向けて、各部が具体的に取り組みます。また、各グループの発表内容は、健康経営推進室より、経営トップに報告されます。

◎健康経営の集大成は、健康文化を創ること

健康経営のあるセミナー（2015年）において、久野譜也教授（筑波大学大学院人間総合科学研究科）が「健康づくり無関心層も含めた行動変容事業としての健康ポイント」の講演の中で、無関心層をどうやって健康行動に行動変容させていくか、の答えの一つが、〝無関心でも健康（歩かされてしまう）になってしまう街づくり、会社づくりにすること〟というのがありました。このような会社には、喫煙所は当然ありませんし、就業時間中にリフレッシュする空間を、社員みんなが活用しているような会社です。それを、健康行動を自然に行っている会社、それを文化としてしまうことができれば、無意識に健康行動に変容できます。健康行動を会社の文化とすることは、日常の働き方や慣習・習慣を変えなければならず、一朝一夕にはできませんが、健康に無関心でも健康になってしまう、街・会社をつくりあげることが、健康経営の取り組みの集大成なのかもしれません。この健康文化を

図５－４　無関心層対策としてのインセンティブの役割明確化

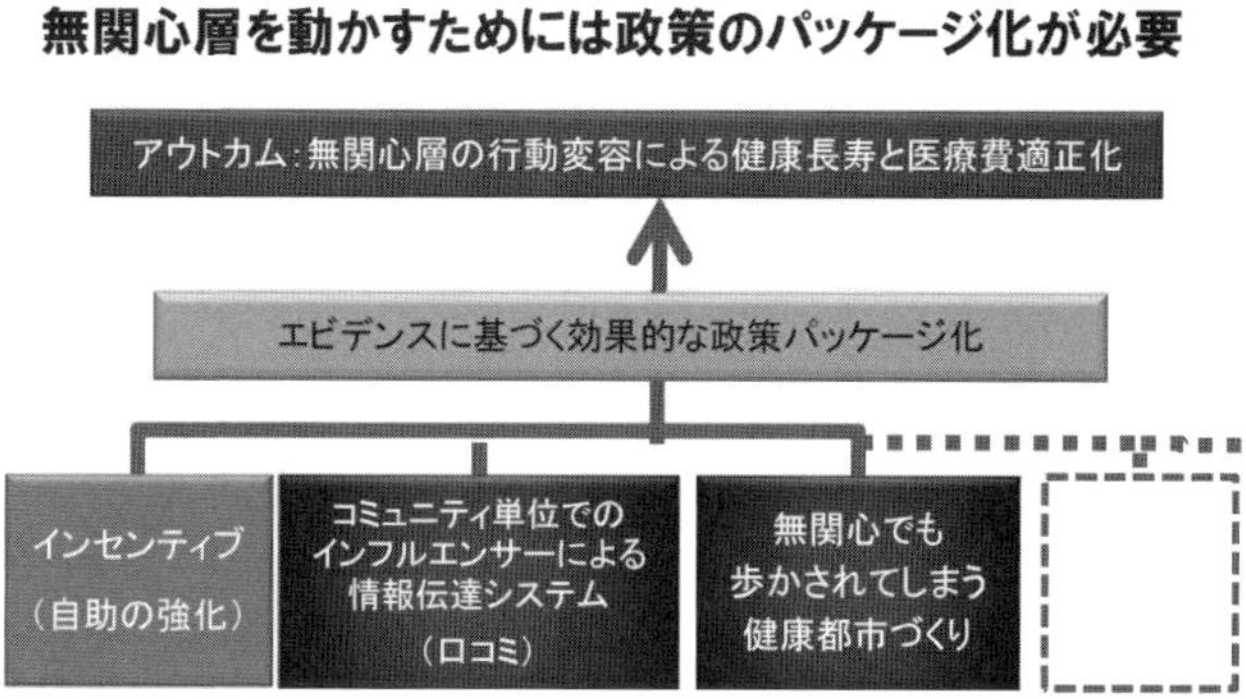

写真５－３　多様な広報媒体を通じた広報活動の実施

（出典）筑波大学大学院人間総合科学研究科　久野譜也教授発表資料より

つくるには、経営トップの強いメッセージがなければなりません。

健康に関する動機づけは、自分の周りは右も左も健康に関する情報であふれ、口コミにより拡散し、自然に健康的な生活習慣をすることが必然的になり、地域、職場にいると無意識のうちに健康行動に変容していく。それには、ポスター・看板・登り旗、メール、手紙、そしてSNS等の情報発信など、経営トップとの信頼関係がなければできない取り組みが欠かせません。これを実践するためには、地域なら県知事、市長、町長、会社なら社長、会長、理事長らトップの強いメッセージがないと、すべて直接的な利益（有益）にならず、健康情報は早々に撤去・破棄されかねません。

企業によっては、CHOが経営者ではなく、総務・人事長や健康管理部長が就任しているところもありますが、企業文化において、健康経営の本質を理解していないか、各部門長が会社にとって強い影響力があるかどうかです。おそらく、多くは前者の企業で、形式的な健康にとどまっている企業も多いと推測されます。

◎健康管理から健康デザイン

日本経済では長らくの間、健康は企業の中で福利厚生の分野に位置づけられ、診療所として、社員の病気の治療、健康診断の事後措置、疾病管理に始まり、生活習慣改善による疾病予防対策に取り組むこととされていました。社員にしてみれば、それらすべては管理されている、指導されているという安心感もあったことでしょう。

健康保険組合の視点で考えると、病院で治療をしなくてもよい健康な組合員を増やし、重症化予防・健康増進により医療費を削減し、保険料率改善、さらには国の財政改善とつながるシナリオが浮かび上がってしまいます。そのために、メタボリックシンドロームの人を集めて、適正な体重と生活習慣に向けて、食事・栄養・睡眠・運動が管理され、日々の生活習慣を縛りあげます。

これでは、健康と聞いた瞬間にみんな逃げてしまいます。〝健康獲得〟＝〝拘束生活〟、これが健康管理といわれるゆえんだと思います。これが健康を管理する健康管理センターです。これからは自らが健康になるための支援をしてくれる組織として「健康支援センター」が、さらに自分自身の最適な健康を見つけ、その状態に向けて自分の健康をデザインして、運動・栄養・休養・コミュニティーが実践できる空間として「健康デザインセンター」が企業の中

写真5－4　健康デザインセンターのコンセプト

には必要になってくるでしょう。

２０１９年６月「健康な社こそが収益性の高い会社をつくる」をコンセプトに、従来の健康管理センター（Health Care Zone）機能に加え、Active Zone（運動機能測定等）、Relax Zone（瞑想、仮眠等）、Design Working Zone（リフレッシュワーキング）を備えた健康デザインセンター（health design center）を開設しました。

これにより、全社員の健康の保持増進活動を実践する情報発信基地として、安心して気軽に相談・体験できる〝身近に健康を体感できる空間〟、そして〝リフレッシュワーキングの空間〟を創設して、イノベイティブな発想やクオリティの高いワーキングスタイルが実現できる空間にしたいと思っています。

～健康デザインセンター　コンセプト～

社員の健康の保持増進に向けて、以下の施設として位置づけます。

①安心して相談できる空間

②健康行動を自ら体感できる空間（運動機能・瞑想・仮眠等）

③新たなリフレッシュワーキングの空間を創り、「人が〝集まる〟〝つながる〟」新たなコミュニティーの空間（場）を設けて、ヘルシーカンパニーの実現に向けて情報発信ができる。

◎健康経営を企業文化にするために

健康経営は、経営戦略であり、重要な人事戦略の柱です。どんな企業でもそれぞれ、歴史・経営状況・規模・業種・働き方等があり、一つとして同じ組織はありません。

同様に企業の健康文化もさまざまです。社員・家族の健康のために伝統的に健康施策を実施している企業は、健康経営など必要がないようにも感じますが、健康を投資ではなく、従来の福利厚生的に、コストとして継続的に実施している企業が多いのも現実です。

経営トップが社員・家族の健康づくりを、本気で事業の投資として位置づけ、会社の最大の資源である社員に対して企業理念・健康宣言を行うことで、社員・家族にコミットする。そこに初めて社員・家族が安心して働ける・生活できる、会社の位置づけが約束されるわけです。

さらに、職場やチーム内で安全で安心な職場環境を作り上げることで、心理的安全性に満ちた職場・チームができあがります。

その職場・チームを支える社員一人ひとりの心身の健康、社会的な健康が鍵になります。

社員一人ひとりがしあわせや楽しさを実感でき、仕事も家庭も充実して生活を送ることが、単に労働生産性の向上だけでなく、イノベーションを生み出す企業文化につながるといわれています。

このことは、言い換えると「健康でいきいきした職場」の実現の中でこそ、「社員一人ひとりのヘルスリテラシー向上」が実現し、社員・家族の将来にわたるしあわせを約束し、さらには企業の持続的な成長につながることとなります。

第5章

当社では、これら健康経営の取り組みを企業の文化にするために、健康経営推進室がＨＵＢとなって社内外の各関係部門と協調することで、さらにドライブしていきたいと考えています。

佐藤氏は富士通株式会社から、健康を従来型の診療所機能にとどまっていた株式会社富士通ゼネラルに移籍して、健康経営の責任者として、取り組まれています。健康経営の推進は難しいということは想像に難くありません。それを1年で健康経営優良法人ホワイト５００に認定されるまで、制度や社内文化の醸成に努めたのですから、健康経営のプロフェッショナルと呼んで差し支えないでしょう。

また、従業員をプロとして扱い、コンディションを整え、パフォーマンスを上げる「健康デザインセンター」という今までになかった発想には驚くばかりです。たとえるなら、プロのサッカー選手のように従業員を扱うということです。今後この健康デザインセンターが、どのように会社業績に影響を与えるのか、そして現在と引退後の従業員の健康まで見てみたいものです。

2　ヤフー株式会社

グッドコンディション推進室　川村由起子氏

◎我が社の取り組み内容

ヤフー株式会社（以下ヤフー）は、日本最大級のポータルサイト「Yahoo! JAPAN」を運営しています。主な事業内容はインターネット上の広告事業、イーコマース事業、会員サービス事業などで、2019年3月31日現在、社員数は6515人、平均年齢は35・6歳です。

2018年度は「健康経営銘柄2019」と「がん推進企業アクション 厚生労働大臣賞」に選定されました。ヤフーは、企業の持続的な成長の実現にはESG（環境・社会・ガバナンス）が重要であると考え、そのうちの社会（Social）とガバナンス（Governance）の基軸の一つとして、健康経営を強く推進しています。

◎ヤフーの健康経営推進体制

ヤフーは経営理念である「情報技術で人々や社会の課題を解決する」の実現に向け、社員のコンディション向上を目指した健康経営を推進しています。

社員やその家族の心身の健康が、業績追求の最も重要な基盤と位置づけ、正社員就業規則にも「第9章　健康経営」を設け、「会社は、『働く人の最高のコンディションが、働く人の最大のパフォーマンスにつながり、働く人とその家族の幸せにつながる』という理念を持って経営をおこなう」と明記しています。

代表取締役社長が掲げる健康宣言〝「UPDATEコンディション」―働く人の身体の健康（安全）と心の健康（安心）をUPDATEする―〟のもと、人事部門の統括責任者と健康保険組合理事長を兼任する執行役員がＣＣＯ（Chief Conditioning Officer）として就任しています。その直下に社員の自律的な健康づくりを支援する「グッドコンディション推進室」を設置し、社内関連部署やパートナー企業、２０１８年に立ち上げたＹＧ健康保険組合と連携しながら、横断的な取り組みを推進しています（図５－５）。

◎データ・ドリブンで未来を拓く

ヤフーは１００を超えるサービスを多くのお客様に提供し、その月間ログインＩＤ数は、４７００万以上（２０１９年5月現在）に

【会社概要】	
社　　名	ヤフー株式会社
設　　立	1996年１月31日
売 上 高	954,714百万円（2019円３月期　連結）
営業利益	140,528百万円（2019年３月期　連結）
従業員数	6,515名（2019年３月31日現在　連結）
事業内容	インターネット上の広告事業、イーコマース事業、会員サービス事業 など

なります。サービスから集まったデータを活用して、お客様の生活をあらゆる角度からサポートしてきました。今後はさらにデータやＡＩを活用して、多くの企業、自治体、研究機関などをサポートしていきたいと考えています。そんな思いから「データフォレスト構想」を立ち上げ、日本全体で日本におけるすべてのデータを利活用できる世界を目指しています。

　データ利活用の企業文化は、ヤフーの健康経営にも反映されています。２０１８年より前年の健康診断結果を匿名化して、医療従事者、デザイナー、データサイエンティストと共に多角的な視点で分析し、解決すべき課題の理解につなげました。それらはグッドコンディション推

図５－５　体制図

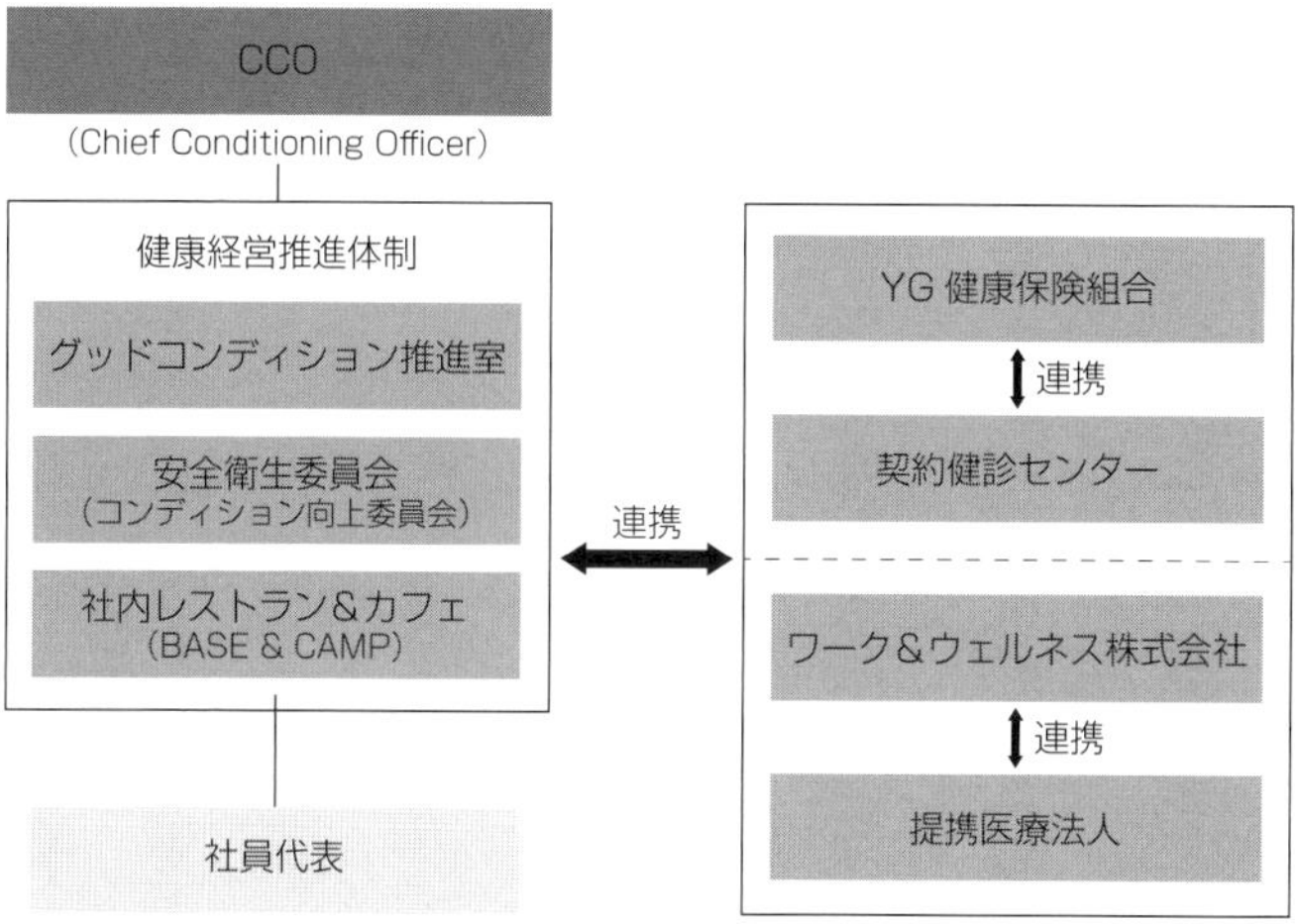

※CCO≒CHO「健康保持にとどまらず、社員のコンディションをベストにする」という思いをこめて、一般的にはCHO（Chief Health Officer）にあたる役職名をCCOと命名しました。

進室から関係部署へ共有され、社員のコンディション向上の指針として活用しています。

すべての社員が、自分自身の歩数や健康診断結果、社内レストラン摂取エネルギーなどのデータをいつでも確認できる環境を整備しました。定期的に開催する体組成の測定イベントやオフィスサイネージを活用し、国が掲げる「健康日本21（第二次）」に沿った歩数の目標を設定し、男性9000歩・女性8500歩を強く推奨するなど、データを活用した社員の健康理解への促進に努めています。

◎食の取り組み

本社がある東京・紀尾井町オフィスでは、社員同士がコミュニケーションをとる場として社内レストランや社内カフェを設けています。経営目標を山にたとえ、高い目標（山）を登っていく社員にとって、そのための栄養を蓄えられるレストラン「BASE」と、登山の間にエネルギーを補給するカフェ「CAMP」において「1HOUR+（ワンアワー・プラス）」というコンセプトのもと、栄養バランスの整った食事を提供しています。健康増進はもちろんのこと、コミュニケーションを通じて新たなアイデアの創造や、気分をリフレッシュして、さまざまな「+（プラス）」を作り出しています。

昼食以外にも朝食（無料：2019年5月現在）と夕食を提供するだけでなく、社内レストランでの食事代を営業利益の達成と連動したTポイント（2019年5月現在）付与でサポートしています。また、社員証で支払うことによって、注文したメニューやカロリー、栄養素等のデータを各自の専用サイトでいつでも確認できます。食事の統計データを分析し抽出された課題は関係部署が連携して検討し、メニューの改善を重ねることで社員の健康を管理・支援しています。例えば、野菜を多く（1日の2分の1以上）摂れるメニュー、減塩メニュー、トータル655キロカロリー以下の日替わりメニュー「UNDER655」（「健康な食事・食環境（通称：スマートミール）」認証制度で2019年に最高位の三ツ星を獲得）等を提供しています。

「食」に携わるチームは、社内レストランの構築・運用をゼロから独学で築き上げ、社員に愛される食環境の実現を目指して、常に進化しています。チームをリードしているのは、2013年に社食事業の「全社公募制度」で集まった人材です。彼らはヤフーのサービス運営で培った経験や手法を生かし、社員の「食」を支えています。

◎よりよい環境づくり

日本では、2050年には総人口が9515万人となり、現在より約3300万人（約25・5%）減少するといわれています。高齢人口（65歳以上）が約1200万人増加するのに対し、生産年齢人口（15—64歳）は約3500万人、若年人口（14歳未満）

写真5-4　社内レストラン

は約900万人減少するとの見通しです（図5－6）。

生産年齢人口減少への対応として、介護、育児などライフステージに合わせた柔軟な働き方が重要となります。今後多くの国々が直面するであろうこれらの課題を「変革」のチャンスとしてとらえ、労働生産性向上を実現するライフスタイルと働き方に「変革」していくことが必要です。

ヤフーは、社員一人ひとりの才能と情熱を解き放ち、成長できる機会を増やす「人財開発企業」であろうとしています。会社と社員は主従ではなくパートナーであり、社員の成長によって会社も成長していき、すべての社員に無限の可能性があるという考えのもと、一人ひとりが経験から学び、成長につなげていくことを支援しています。

図5－6　我が国における総人口の推移（年齢3区分）

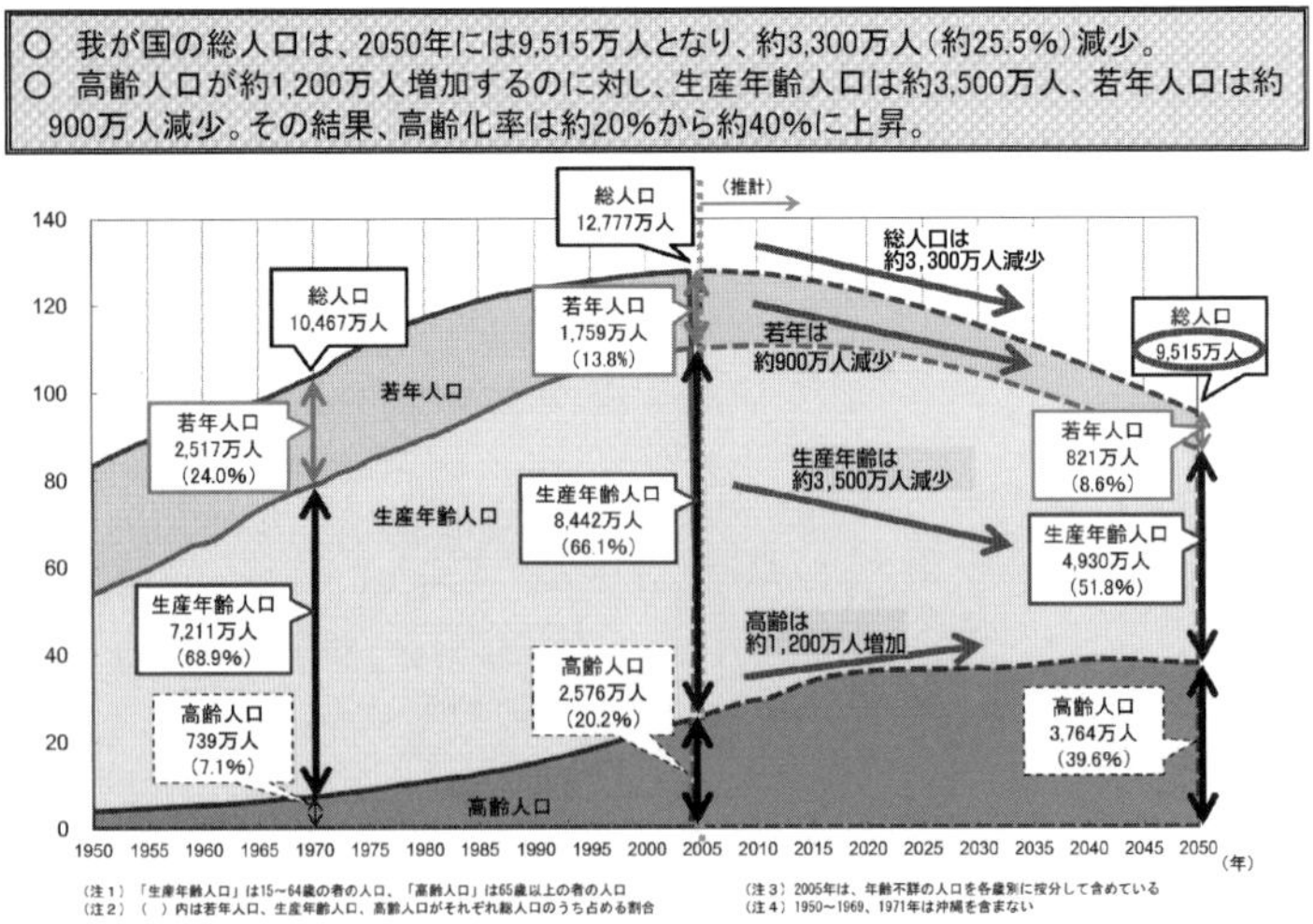

（資料）総務省資料（http://www.soumu.go.jp/main_content/000273900.pdf）を一部改変。

そしてライフステージや属性の違いにかかわらず活躍できる土台をつくり、いきいきと働いていけるよう、さまざまな制度の導入や取り組みを行っています。

ヤフーのダイバーシティは、女性・育児・LGBT・障がい者・グローバルをテーマに掲げ、各プロジェクトに執行役員によるスポンサーシップ体制を構築しています。経営陣のコミットメントのもと、有志メンバーがリードをして、施策推進に努めています。

例えば、女性の活躍推進プロジェクトでは、女性が安心して働き続けられるための取り組みを行っています。育児と仕事を両立する社員が、仕事・キャリア・子育て等の悩みを共有できる場を設けたり、女性特有の婦人科系の悩みについての情報交換、知識を高めるプログラムを推進する等、ライフイベントとキャリア形成の両立支援に取り組んでいます。

勤務制度には、「フレックスタイム制」をはじめ、働く場所を自ら選べる「どこでもオフィス」、育児や介護、看護を行う社員を対象に、週休3日を選択できる「えらべる勤務制度」があります。オフィスは働き方のリズムを変え、イノベーションを生み出す場所を目指しています。不規則に机を配置し、全社員にノートパソコンと iPhone を支給。個人ロッカーを貸与し

写真5－5　机がランダムに並ぶオフィス

自分の机を持たないフリーアドレス環境を実現しました。社員の社内位置情報を検索できる独自開発システムを活用し、空いている場所や人を効率よく探せます。

社員が最も多い本社では各階にマッサージチェアを設置し、また専門の資格を持ったヘルスキーパーによるマッサージを提供しています。業務効率を上げるための仮眠スペースや社内カフェでのミーティング、昇降スタンド、集中ブースでの業務など、社員は自分のコンディションに合わせて働く環境を選択できます。

ヤフーでは、社員自身が経験から気づきを得られる、社内教育の仕組みがあります。全社員が毎週実施する上司と部下のコミュニケーションを目指した「1on1」ミーティング、公募で選ばれた社員が参加する「自分自身を客観視するスキル」を鍛えるマインドフルネス研修や、次世代リーダーの輩出を目指す企業内大学「Yahoo! アカデミア」、社員がいつでも受けられる、コンディションを整えることを目的としたeラーニングなどです。

◎治療と職業生活の両立支援

社員が治療中・治療後に働きやすい環境を整えるため、就労支援制度を用意しています。社内には「こころとからだの健康相談窓口」を設置しており、社員が一人で悩みを抱えずに、産業医や看護職などの専門スタッフに相談できる体制を整えています。「治療と就労の両立支援プログラム」を策定し、病気になっても安心して働き続けられるサポート体制を整えています（図5-7）。

特に「がん」への対策に力を入れており、すべての社員を対象に「がん検診と早期治療の重要性」「社内の就労支援体制」などに関するeラーニングを実施し、がん教育と啓発活動の取り組みを行っています。また、社内ポータルサイトには「がん予防と対策」の掲示や健康イベントでパンフレット配布を行うなどヘルスリテラシー向上のための取り組みを強化・推進しています。

さらに、社員だけではなく、その家族に対してもファミリーデーなどのイベントを通じて予防の啓発を行い、社員と家族のコンディション向上を目指しています。年1回の定期健康診断にがん検診の項目を組み込み、費用補助や勤務時間内の受診を可能にすることで、社員が受診しやすい環境を整えています。

障害者手帳を保有している社員へは、常に安定したパフォーマンスを発揮できるよう「ノーマライゼ

図5－7　治療と就労の支援体制

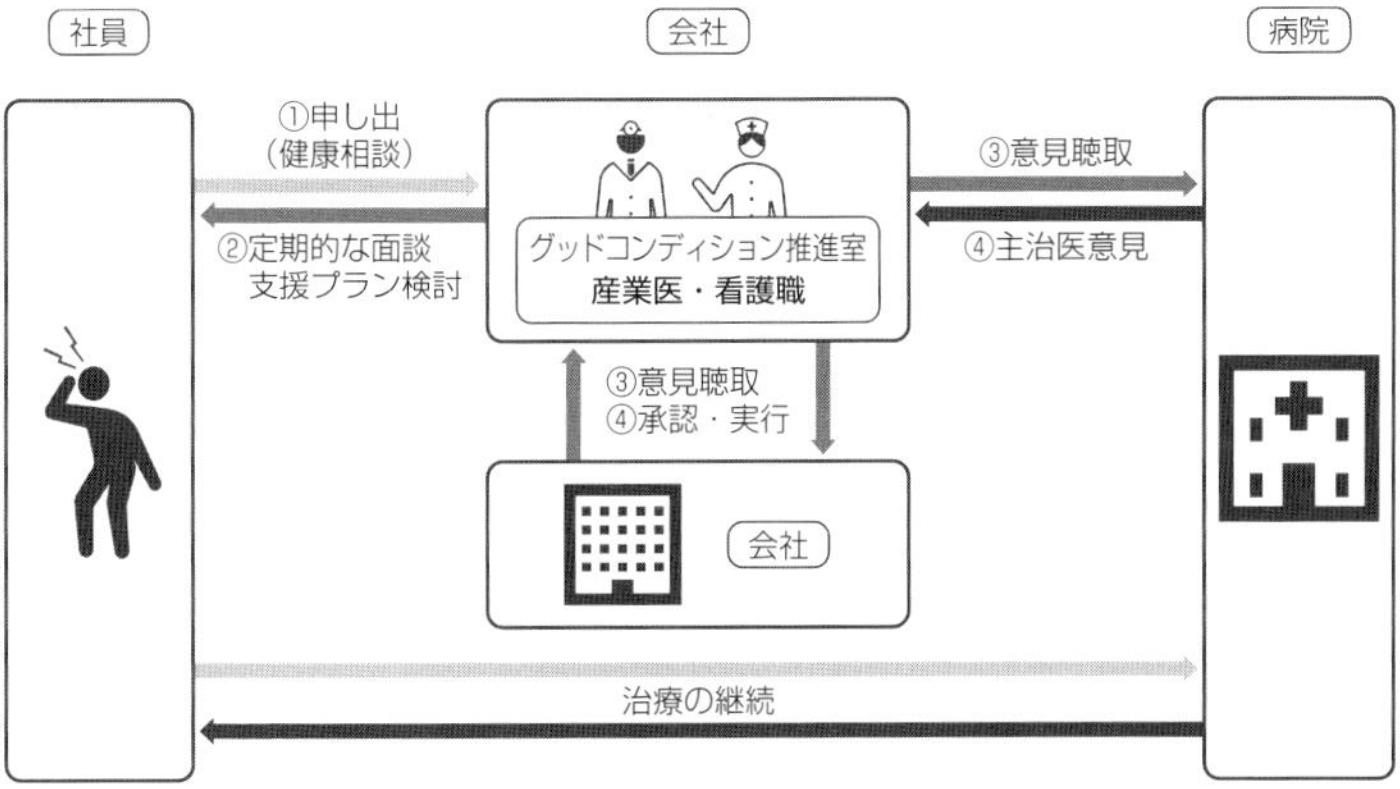

ヤフー社内資料をもとに作成。

ーション休暇」として、年6日の特別休暇を付与しています。対象者は通院・入院・体調不良のときに休暇を取得できます。

◎異動してきた担当者として取り組む健康経営のスタンス

ヤフーには、戦略的なジョブローテーションとして、新たな経験にチャレンジしたい場合に各々の希望を自己申告できる「ジョブチェンジ制度」と、重要案件を実施するための人材を募る「全社公募制度」があります。私は「ジョブチェンジ制度」を活用して、2017年10月に社会貢献事業本部のデザイナーから社員の健康保持・増進を担う「グッドコンディション推進室」へ異動しました。社会貢献事業本部での仕事を通じて、少子高齢化が進む日本の社会課題を「健康」面から解決できるのではないか、との着想を得ました。今まで培ったデザイナーのスキルを土台に自分の情熱を傾けられる、挑戦したい仕事だと考えたのです。

デザイナーは、人々の課題を解決する医者のような存在です。デザインをする前に、現状を知り、抱える課題は何か、課題への最適な「解」は何か、を徹底的に依頼主やユーザーの目線で多角的に考えます。加えて私は、作り上げたデザインを身近な家族や友人はどう感じるか、使い心地や意匠に工夫できる点はないかを自分の中に設定した第三者に問いかけ、磨き込む作業を行っていました。

部署異動が内定した2017年9月より、社員への健康における取り組みを紹介する社内サイトのデザイン担当者として、健康経営銘柄2018の応募業務に携わりました。そしてサービス開発のフレームワーク「ＫＰＴ法」（Keep・Problem・Tryの頭文字からＫＰＴ法と呼ばれ、良かった点〔Keep〕を可視化し、問題点〔Problem〕から改善点〔Try〕を導く手法です）を用いて、応募業務に携わったメンバーと共に振り返り会議の場を設けました。

この振り返り会議によって、健康経営をリードするプロジェクトマネージャー（以下ＰＭ）が不在であること、「経営理念・方針」の明文化と情報開示が弱いことなどが判明しました。

外部からの表彰や評価は企業価値の向上につながり、株主や社員などステークホルダーへ向けた会社からのポジティブなメッセージになります。そして応募内容には、実施コンセプトと締切が必ずあります。実施コンセプトは、世の中の流れに沿った形で展開されており、応募側の施策改善の手立てとなります。そして企業側で立てる優先順位も「いつかやろう」というマインドから、「締切までにやろう」という形で加速されます。私が過去にYahoo! 官公庁オークションとYahoo! 公金支払いで、グッドデザイン賞を受賞した際、チームが一体感を持ち、応募期日に向けて速いスピードでサービスを磨き上げた経験がありました。健康経営銘柄への応募も、ヤフーの健康経営を加速できると確信し、２０１８年４月、健康経営銘柄のＰＭに就任しました。役割は、ゴールを定め、チームメンバーが最高のパフォーマンスを発揮できるように導くことです。

最初に取りかかったのは、「健康経営とは何か？」を探ることでした。健康経営銘柄のヤフー応募資料と、過去に銘柄選定された企業、先進的な健康経営を推進している企業の分析を行いました。自社と他社の公表されている情報（ＣＳＲ、コーポレートガバナンス、株主招集通知書、採用情報な

第5章

ど）を集め、今できること、将来やりたいこと、物理的にできないことを可視化しました。それらを元にヤフーにおける健康経営のあるべき姿を定め、人事部の役員会議で目指すゴールと改善すべき道として伝えました。会議で了承を得たのち、掲げた改善施策は、グッドコンディション推進室に所属する各担当者によって実施されました。

素晴らしい健康の取り組みや指針も、社員や株主などのステークホルダーに届いていなければ、まったく意味がありません。そこでヤフーでは、社長が掲げる健康宣言を就業規則に追加し、他部署と連携して、健康経営の取り組みを統合報告書、ＣＳＲレポート、コーポレートガバナンスに掲載しました。こうした取り組みは国からも高い評価を受けて、健康経営銘柄２０１９の選定に至りました。中でも、評価項目の「経営理念・方針」は前年比大幅なアップとなり、目指すゴールに一歩近づけました。

健康経営銘柄２０１９の選定後は社内のイントラネットを活用した選定報告を行い、希望者が認定ロゴを名刺に掲載できるようにしました。あわせて、株主招集通知書と採用情報ページにも掲載するなど、社内外への周知に努めています。

◎健康経営の進め方

私が健康経営の担当として行ったことは次の3点です。

一つめは「健康経営」の構造を知ること。二つめは「一次情報」に触れること。三つめは「経営視点」を持ち、チームをリードすることです。

一つめの健康経営の構造を知る方法として、国が掲げる健康経営とは何か、過去の健康経営銘柄の応募項目において、自社ができていない部分は何かを調べました。そして改善する手立てはないか、過去の銘柄選定企業と先進的な取り組みを行っている企業の分析をしました。

ウェブでの公表資料に加え、先進的な取り組みをしている国や企業の多くが、メディアやセミナーで取り上げられています。特に健康関連のセミナーや勉強会に参加することで、同じ志で自社が抱える健康課題と向き合い、健康経営を推進する先輩や仲間に出会うことができました。そして、自社の改革のヒントを得ることができました。これから健康経営を進める担当者は、今ある自社のポジションを知る手段として国の選定制度の調査項目や選定企業の動向を参考にされることをおすすめします。

二つめの「一次情報」とは、情報源や情報源に近いところから出た情報を指します。私は、その一次情報に触れる方法として、自社が抱える課題について、先進的な取り組みを行う他社の健康経営担当者に直接聞いたり、世界が目指すＳＤＧｓやＥＳＧ経営における日本の動向を調査したりしました。疑問点は国（経済産業省／厚生労働省）へ、直接電話をして聞いていました。信頼性が高い情報を得ることで、効果的な改善施策への対処が可能となります。

三つめの「経営視点」をもち、チームをリードするために以下を行いました。企業における健康施策は、目指すゴールである業績や企業価値向上に沿った形での実施が重要です。経営者の目線で物事をとらえて判断するために、歴代の社長講演の動画、朝礼やセミナーを通した経営層のメッセージから会社が目指す未来に触れました。

中でも印象深かったのは、「オールは自分でこぐ」というメッセージと出合えたことです。水面に浮かぶ船は、オールを自分でこがない限り前進しない。未来へ続く道は、他者へ委ねることなく自分の手でオールをしっかり握り、リスクと責任を負うことで到達できるのだと。これらの体験は、ヤフーの健康経営を推進するに当たり、私によい影響をもたらしました。「オールは自分でこぐ」を胸に、社外の有識者たちとも積極的に交流を図り、多数の貴重なアドバイスを得ることができました。幸いなことに役員や社長と直接やりとりをする機会にも恵まれました。社内・社外を問わず、達成したい未来に向けて、飾らない素直な姿勢で人々と向き合えたのです。

この1年で新たに、年に一度の健康診断結果分析、月に一度のCSR横断会議（IR／CSR／人事／グッドコンディション推進室／オフィス管理部門、リスクマネジメント室など）、半年に一度の役員へ向けたESG共有会議が立ち上がりました。このような横断的な取り組みを継続することで、健康経営を経営層や関係部署、株主や社員などのステークホルダーに現状を伝えることができます。共に歩む文化を創造することが、健康経営の仕組みを社内で残すことにつながると考えています。

◎かなえたい未来

私の達成したい未来の目標の一つに「人々の健康知識を高め、意識と行動の変化で健康寿命を延ばす」ことがあります。これは、生産年齢人口減少への「変革」を進める日本において、未来を創る人々を治る病気で亡くさない仕組みを整え、病気の早期発見・早期治療や生活習慣病の発症予防と重症化予防を徹底し、誰もが高いパフォーマンスで働く環境を作り上げていきたい、との思いからです。

その背景には、家族や自分自身の病気の経験があります。私は11歳のときに父を大腸がんで亡くし、15歳で自分自身が結核を患いました。大腸がんで亡くなった父は、未来を創る開発技術者でした。37歳だった父は働き盛りで、自分で体の不調に気づいたものの、仕事を優先し、精密検査を受けたときにはすでに手遅れの状態でした。葬儀の後、わが家には父が開発した新技術を表彰する盾が残りました。もし父に健康の正しい知識があり、体の異変を感じたときにすぐ、検査をして治療を受けていれば、その先の未来が創れたのでは？　と残念でなりません。現在、私が見ている世界も、父が生きていたら少し違っていたかもしれません。

ちなみに、大腸がんは早期発見・早期治療における3年生存率は約98％であり、現在では必ず治る、治せる病気だといわれています。私が15歳のときに健康診断で判明した結核は、早期発見・早期治療のおかげで完治させることができました。医学の進歩は目覚ましく、以前であれば治りにくかった病気にも新しい治療方法や医薬品が開発されています。日本における死亡原因の60％を占める生活習慣病予防の科学的根拠も増えています。

しかし「正しい情報が正しく伝わっていない」ことが多いのです。総務省のデータによると健康や医療情報を、85％以上の人がインターネットで入手しているといわれています。しかしあふれた情報のせいで、誰もが自分で判断をする自由をもっているものの、正しい情報にたどりつけないことが起

第5章

こり得るのです。健康の情報格差を埋めるには、私たち一人ひとりが自分の判断を裏づけする「科学的根拠に基づいた」正確な知識をもつ必要があります。

世の中には未来を創る、素晴らしい人々がたくさんいます。私は人が最良のコンディションで働けるよう、健康に関する正しい情報を一人でも多くの人に伝えることで、日本から世界へ正しい健康知識で意識と行動を変える裾野を広げていきたいと考えています。

フジクラの浅野氏と富士通ゼネラルの佐藤氏は、長く健康経営に携わってきましたが、川村氏は組織内の異動で、健康経営の担当者として自ら応募されました。当然、最初は右も左もわからない中で、すでに取り組んでいるがん対策、女性の健康、マインドフルネスや素晴らしい職場環境、制度等の把握から始まり、勉強され、ＰＤＣＡを回し、健康経営優良法人から健康経営銘柄選定までもっていったのは、異動によって担当者が変わる光景に慣れている一般的な読者にとって、大変参考になることでしょう。

上司や周囲との関係や、就業規則の変更での人事等の調整は、サラリーウーマンとして大変だったことと推察します。

今後は、健康経営の取り組みをヤフーのビジョンである情報技術で人々の生活と社会を「ＵＰＤＡＴＥ」まで昇華させる過程を見てみたいものです。

3 SCSK株式会社

ライフサポート推進部　副部長　杉岡孝祐氏

◎SCSKの「改革」の始まり

日本のさまざまな企業で長時間労働が問題視されていますが、社会の重要インフラである情報システムを24時間365日提供し続けるIT業界は、特に長時間労働が当たり前といったイメージをもたれています。実際、SCSKにおいても長時間労働につながる多くの課題がありました。経営トップは、この状態を見て「この労働環境はありえない！　お客様の経営課題を知識と創造性をもって解決する仕事のはずが、その実、まったく違うではないか」と一念発起したのです。これが2009年のことでした。

まず取りかかったのが、本社の移転です。当時の本社ビルには、食堂もなく、昼の時間帯になるとエレベーターはお弁当の買い出しや外食のために待ち行列が発生し、かなりの混雑でした。

「働きやすく、やりがいのある会社」を目指したSCSKは、まずはハード面の改革から始めたのです。本社移転、食堂の新設、社内クリニックの拡充（薬の提供開始）、カフェテリアの拡充、リラクゼーションルームの拡充、さらには1人当たりの机の広さを1・5倍へと拡大させたことなどが当てはまります。

◎SCSKの働き方改革

本社移転の後、「禁煙」「健康増進としてのウォーキングの推奨」など、いくつかの施策を実行してきましたが、その後、本丸への着手を行いました。「残業削減」と「休暇取得」です。

まずは、残業の多い部署に対して、期間限定で「残業半減運動」を展開しました。まだまだ「働き方改革」などの言葉が世の中に浸透していない2012年のことです。当初、社内からは「いきなり半減ではなく2、3割減からスタートしてはどうか」との声もあがりましたが、経営トップは「気合や我慢だけでは達成できない困難な目標にチャレンジしてこそ、抜本的な改革を考えることができる」と、残業半減を宣言したのです。結果的に約半数の部署で目標が達成できました。さらに同年11月には、「有給休暇取得率90％」を目標に設定し、有給休暇取得を推進しましたが、現場は混乱しまし

【会社概要】

社　　名：SCSK株式会社
設　　立：1969年10月25日
売 上 高：358,654百万円（2019年３月期　連結）
営業利益：38,378百万円（2019年３月期　連結）
従業員数：12,365名（2019年３月31日現在　連結）
事業内容：コンサルティング、システム開発、ITインフラ構築、ITマネジメント、BPOだけでなく、ITハード・ソフト販売まで。ビジネスに求められる、すべてのITサービスを提供

た。それでも、お客様や関係部署との調整を図りながら、ほぼすべての部署で達成することができました。

こうして成功したかに思われた「残業削減」施策でしたが、年度末になると逆戻りしてしまいました。残業削減を定着させる難しさを感じることになりましたが、一方で経営トップには別の思いがありました。「いける」と。まだまだ「つき合い残業」「ダラダラ残業」など非効率な働き方はいたるところにあるということを感じていました。ただし、働き方改革を進めるにあたり、大きなネックがありました。それは、社員自身の心の中にあったのです。

◎働き方改革「スマートワーク・チャレンジ」

２０１３年4月に全社・全部署を対象にスタートしたのが「スマートワーク・チャレンジ20（略称：スマチャレ20）」です。より賢く効率的（＝「スマート」）に働いて（＝「ワーク」）、目標（＝「20」）を達成しようという取り組みです。「20」には、月間平均残業時間を前年度平均比20％削減する「20時間以内」を達成し、年間「20日」付与される有給休暇をすべて取得しようという意味があります。取り組み単位は１０００名を超える人数を要する部門ごととなっていて、目標数値を達成できないと特別ボーナスの支給対象にならないこともあり、各部門の社員が一丸となって取り組む流れができたのです。

改革を実行するにあたっては「わかりやすさ」も重要な要素です。当初この取り組みは、年間総労働時間2000時間を切ることを目標に制度設計を進めていました。ただし、経営トップからひと言「社員にとって、12月のタイミングで自身の総労働時間が何時間で、2000時間を切るには、あと何時間あるのかわかる人はどれだけいるのか？」との問いに、事務局である人事は返す言葉がありませんでした。

◎働き方改革の実現に向けた施策（お客様とともに）

「スマチャレ20」を進めるにあたり、解決しなくてはならなかったことの一つに「お客様の理解」がありました。SCSKの約5900人のIT技術者のうち、2000人ほどがお客様先で開発や運用保守を担当しています。SCSKのほかにも複数の同業他社がサポートのため常駐するケースもあります。そのような中で、「残業できません」「お休みをもらいます」と言っても、なかなか理解を得られるものではありませんでした。

そこで、お客様にご理解いただこうと、経営トップ自ら手紙を書き、各役員がお客様の役員層のもとへ持参して協力を仰ぎました。これをきっかけに、お客様においても少しずつ働き方改革への理解は広がり、今では「うちも働き方を見直さなくては」「一緒にやろう」と共感してくださるかたも出てきたのです。

◎取り組み後の主な成果

２００８年度当時の月間平均残業時間は35・３時間でしたが、スマチャレ20の１年目である２０１３年度は22時間、２年目の２０１４年度は18時間16分と、ついに目標の20時間を切ることができました。

有給休暇取得についても、２００８年度当時は13・０日でしたが、２０１３年度は18・７日、２０１４年度は19・２日へと増加し、取得率にすると97・８％と、ほぼ１００％といってよいくらいまで改善することができたのです（図５－８）。

これも経営トップの旗振りとともに役員・社員が自ら考え行動を起こす、まさに全社一丸となって取り組むことができたからだといえます。

ある雑誌の取材で、経営トップ本人が語っていました。

「心に訴えることが重要だ。私は、目の前にいる50人の役員に対し、語り掛け、訴え、そして腹落ちしてもらうことに注力している。50人の心に響かなければ、７０００人

図５－８　営業利益と残業時間・有給休暇取得日数の推移

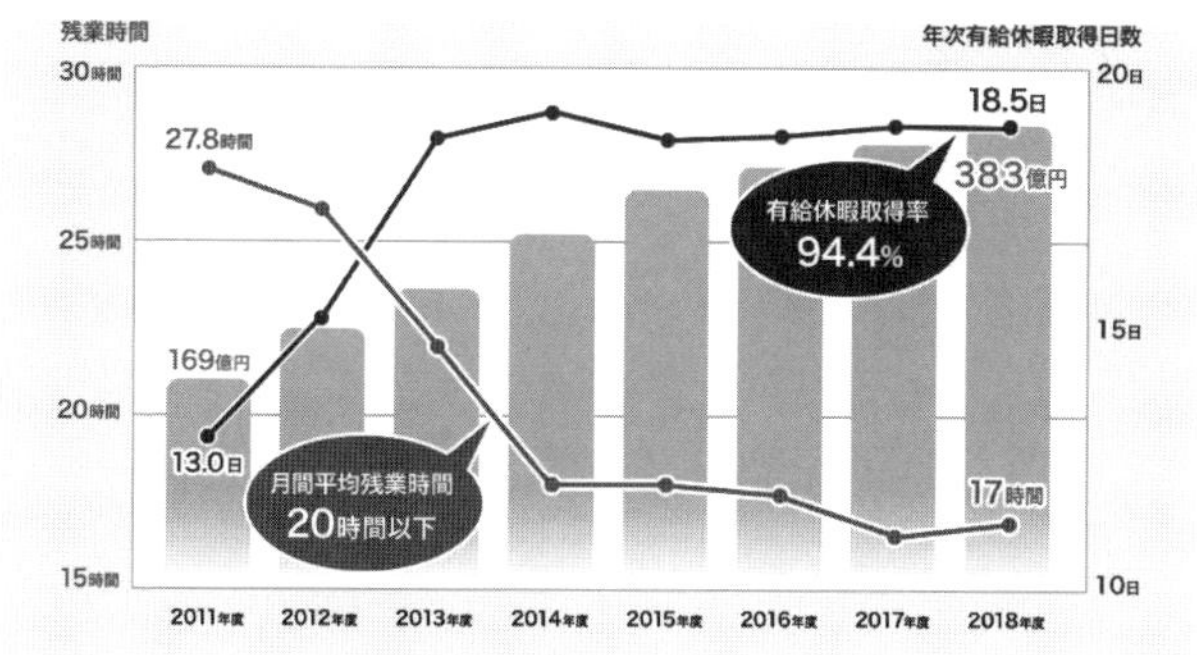

（出典）SCSK株式会社ホームページより
（https://www.scsk.jp/mirai/06_workstyle/）

（当時の単体社員数）の社員への腹落ちはあり得ない」

そのため、役員会を実施するたびに繰り返し改革の必要性を熱く語り続けました。進捗報告で達成が思わしくない部門に対しては、なぜそうなのか、どこに問題があるのかをとことん議論することもありました。その結果、改革を妨げる問題点や課題には、追加施策や人事制度を見直すなど、素早い対応を求めたのです。

役員会でのそのやりとりは、イントラネットに全文掲載されました。その閲覧数はどのページよりも多く、自分たちの部門は他部門と比較してどうなのか、経営トップは役員に対して何を語っているのか、社員もたいへん注目していました。同時に、会社の本気度を目の当たりにできたことも、全社員に広く浸透していった大きな理由です。

このように推し進めた「スマチャレ20」ですが、一番変化を感じたのは社員自身です。最初は「できない」と思っていた人が、やってみたら「できた」という自信へと変わっていきました。そして、早く帰ることができると身体が楽になり、子どもとも遊べて、何より家族みんなに喜ばれる。「これはいい！」そう実感できたのです。現在では、各部署での創意工夫や発想の転換が、それぞれの職場で文化として定着してきました。さらには自らの得意領域であるＩＴを最大限利用し、生産性や質の高い働き方を推し進めようという自発的なムーブメントが広がっていきました。

◎「健康経営」を加速

この「働き方改革」の成功をもとに、その後２０１５年度には、社員の健康増進を促すことで疾病を予防し、生産性の高い創造性豊かな仕事をしてもらえるよう、「健康わくわくマイレージ」を導入しました。

「健康わくわくマイレージ」とは、健康の維持・増進に資する５つの行動習慣と、年１回受診する定期健康診断結果をポイント化し、獲得した1年間のポイント数に応じてインセンティブを支給するというものです。本施策には、99%の社員が参加し、ウォーキングや睡眠、飲酒など行動面での意識的な活動を促しています。

また、２０１６年度からは、「いつでもどこでも働ける」新しい働き方の実践・定着を目指し、「どこでもＷＯＲＫ」を開始しました（図５－９）。自宅やサテライトオフィスなどでの勤務を推進する「リモートワーク」、リモートワークの阻害要因となる紙を印刷と保管の両面から削減する「ペーパーダイエット」、座席を固定化しないフレックスアドレスのほか、集中

図5－9　働き方改革の全体像

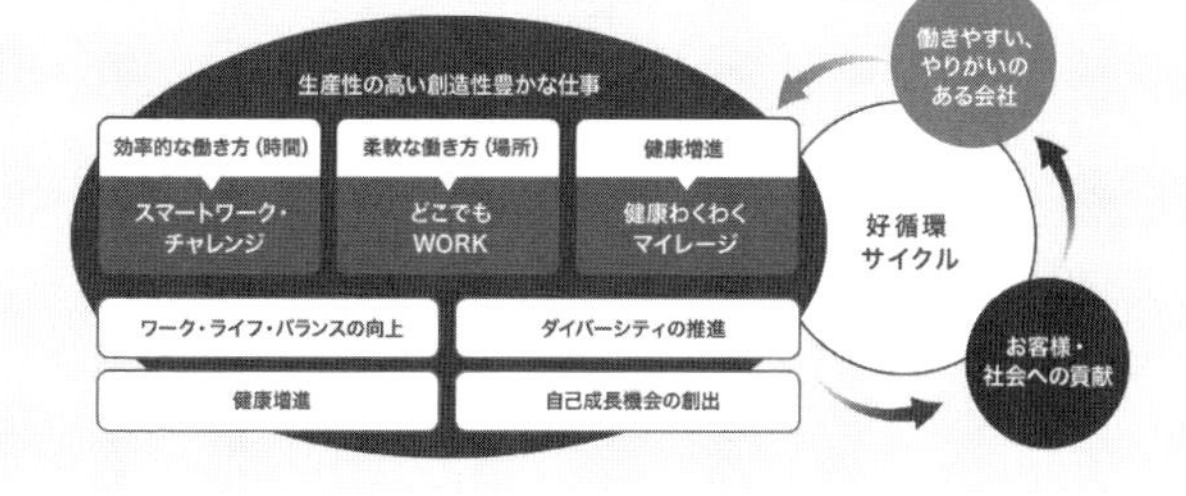

（出典）SCSK株式会社ホームページより
（https://www.scsk.jp/mirai/06_workstyle/）

席やファミレス席などを導入し、多様な働き方ができるオフィスをつくる「フレキシブルオフィス」の三つの施策を展開しています。

SCSKでは、社員の健康こそがすべての礎という理念のもと、健康経営を推進しています。その思いは就業規則に明記したことにも表れています。社員が心身ともに健康でいきいきとやりがいをもって働くことができる職場づくりに取り組むことによって、一人ひとりがもてる能力を最大限に発揮でき、お客様の喜びと感動につながるサービスを提供できると考えているのです。

その根底には、「社員満足度」が向上することにより、必ず「成果物の品質」が向上するという思いがあります。その結果「お客様満足度」が向上し、「株主満足度」も向上するといった流れです。

まずは社員の健康から。これが私たちSCSKの原点なのです。

就業規則への明記	
就業規則に 明記している 「健康経営の理念」	第12章　健康経営 第78条（健康経営の理念） 当会社および社員は、次に掲げる健康経営の理念を尊重しなければならない。「社員一人ひとりの健康は、個々人やその家族の幸せと事業の礎である。社員が心身の健康を保ち、仕事にやりがいを持ち、最高のパフォーマンスを発揮してこそ、お客様の喜びと感動に繋がる最高のサービスが提供できる。」

また「働き方改革」を含めたこれまでの施策は、最初からうまくいったわけではありません。社員からの猛烈な反発があったのも事実です。場合によっては「お客様の要望を聞くことができない」「利益が確保できない」とのコメントがある中、経営トップは語気を強めて言いました。

「社員やその家族にしてみれば、健康を害し、体調を崩し、心身の不調が顕在化したら、利益、さらには会社なんて、もうどうでもよいと思える。利益か健康かといえば、迷わず健康をとれ」

このコメントに対して、役員の誰からも反論を申し出る者はいませんでした。それは大儀であり、それ以上のコメントはすべて意味をなさないものとなったのです。そこから、役員をはじめ多くの社員が「これは本気だぞ」と実感するようになったのです。

また、世の中が働き方改革を実践する前の2012年から改革を実施したSCSKにおいて、実現した実績（数字）を社内

図5－10　社員意識調査の変化

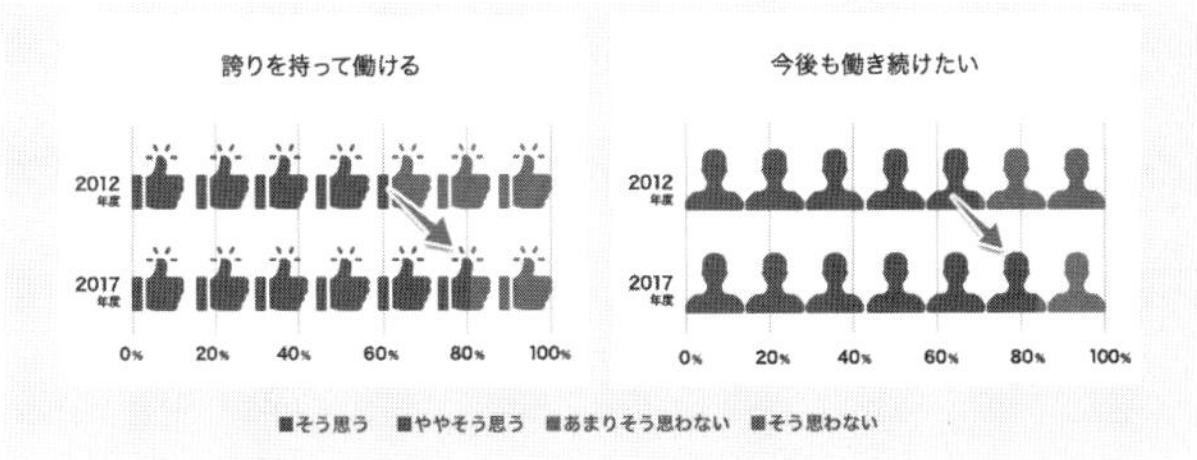

（出典）SCSK株式会社ホームページより
（https://www.scsk.jp/mirai/06_workstyle/）

外に示せたことは、大きなアドバンテージとなりました。

それは、新聞をはじめ多くのメディアに取り上げられることへとつながりました。ある新聞で健康経営の取り組み紹介や、働き方改革の実践例として、掲載されました。その新聞掲載が新たな新聞を呼び、その後雑誌へと波及することとなったのです。また時を同じくして、行政やさまざまな企業が実施する銘柄選定や働き方に関するランキングに取り上げられ、急激に社名の露出が増えました。

これにより、テレビからの取材依頼も届くこととなり、2013年には、NHKの番組において、10分以上の時間を割いて当社の取り組みが紹介されました。

その後は、テレビが再び新聞・雑誌へとつながり、さらには別のテレビ局からの取材依頼へと波及していきました。社員へのインタビューも多く取り上げられ、多くの社員の露出へとつながりました。これらの取材や外部評価は、第三者からのフィードバックであり、その客観的情報は、多くの社員においてとても刺激的であり、社員満足度を底上げする要因ともなったのです。

結果として、多くの社員が自社への誇りとさらなる向上を目指すこととなりました。

今回の「健康経営」「働き方改革」の一番の成果を問われるならば、「社員自らが、この取り組みの意味・良さを実感し、自ら考え、自ら行動がとれるようになったこと」だと現在の経営トップである谷原は語っています。

◎今後の展望

ＳＣＳＫでは、これまで経営者の熱い想いのもと、働き方改革に取り組んできました。しかし、ただやみくもに残業削減を声高に唱えるだけではなく、その改革に対する心の壁を取り除く努力を続けました。残業時間の減少により削減した人件費（総額10億円）を全額社員に返還したこともその表れであり、生産性を高め品質を向上させる体系化した開発標準をつくったこともその一つなのです。

また、働き方改革や健康経営においては、ＳＣＳＫだけでなくビジネスパートナー企業とも協力しながら歩んできました。そして今では、お客様からも「一緒にやっていきましょう」と共に取り組む事例も増えてきました。ＳＣＳＫは、ビジネスパートナー企業の皆様、お客様企業の皆様とともに、業界全体、ひいては日本全体の改革にもつなげていくことで、一人ひとりがいきいきと活躍できる、夢ある未来に貢献できればと考えています。

社員自らがこれらの「改革」の効果を実感し、自らの業務に応じて、創意工夫し始めたとはいえ、ＳＣＳＫの「改革」はまだまだ道半ばです。社内外を問わず、この活動が広く浸透し、定着し続けていくように、これからも「改革」を推し進めていきます。

杉岡氏は人事（採用・育成）から広報へ異動し、また人事（健康経営）に異動された異色のキャリアです。広報の立場から健康経営を見ると、よい点も改善すべき点もわかったことでしょう。さらにメディアとの関係や、広報としてブランディングの面から健康経営を見ると、また違ったように見えたはずです。

取り組みのきっかけはトップダウンでしたが、その後、トップが代わっても、健康経営が後退することなく企業文化として根付いたのは、健康経営の担当者・組織が健康経営の効果を実感していることの証左です。さらに担当者が新しい手法や測定方法を用いて、積極的に行っています。今後はインセンティブモデルの成果やトップダウン型からボトムアップ型への変更の困難や成果も見てみたいものです。

健康経営のパイオニアが指南する実行プロセスの手引き

株式会社フジクラ　ＣＨＯ補佐、株式会社フジクラ健康社会研究所 代表取締役　浅野健一郎氏

株式会社フジクラ（以下当社）では、10年近くにわたり健康経営を行ってきている、世の中ではちょっと変わった会社です。今でこそ健康経営という言葉が世の中で注目されてきて、ちょっとした社会ブームになっているので、当社は「先進的な会社」と言われますが、本質的には健康経営に先進も後進もないと考えています。

具体的な健康経営施策については、他の優れた健康経営企業各社様の事例がありますので、本項では具体的な事例ではなく、当社が考える経営戦略としての健康経営の考え方、及びその実行プロセスについて紹介します。

◎健康経営とは何か

これから健康経営を行おうと思っている会社経営者、もしくは企業担当者が、最初に取り組むべきなのは、「健康経営とは何か?」ということと、「健康とは何を意味するのか?」を自分たちなりに徹底的に考え、個人及び組織内で腑に落とすことです。ここがブレていては、この先の健康経営の活動

で効率的かつ効果的なアウトカムを生むことはまずありません。

健康経営の定義については、特定非営利活動法人健康経営研究会が定義している文言（図５－１）を思い浮かべる人が多いことでしょう。

この文言で「自分と組織が腑に落ちるか」ということをまず考えていただきたいと思います。文言の良し悪しの判断ではなく、問うているのは、腑に落ちるか否かです。この文言に賛同し「そうそう！　こういう健康管理がやりたかったんだよ！」という経営者や担当者は、この健康経営の定義に沿った活動を行うのがいいと思います。しかし、「なんとなくこの文言だとしっくりこないなぁ」と感じている読者のかたは、自分たちで腑に落ちる健康経営の定義を作ることから始めてみましょう。

当社の場合は、健康経営の定義を図５－２にように定義しています。

健康経営研究会の定義とは手段も目的も視点が異なります。この取り組みの視点というのが、とても重要となります。私がお伝えしたいのは、どの定義がいいという話ではなく、自分たち

【会社概要】

社　　名：株式会社フジクラ
設　　立：1885年２月
売 上 高：710,778百万円（2019円３月期　連結）
営業利益：27,679百万円（2019年３月期　連結）
従業員数：57,228名（2019年３月31日現在　連結）
事業内容：光ファイバケーブル、光伝送システム、通信システム、電子配線部品、自動車電装部品、電力システム、産業用電線、金属材料、不動産事業 等

図５－１　健康経営の定義（NPO法人健康経営研究会）

・経営とは、「企業が従業員の健康に配慮することによって、経営面においても大きな成果が期待できる」との基盤に立って、健康管理を経営的視点から考え、戦略的に実践することを意味しています。

特定非営利活動法人　健康経営研究会ホームページより抜粋

図５－２　健康経営の定義（株式会社フジクラ）

・健康経営とは、自社の経営課題の解決、もしくは経営理念の実現を目的として、「解決に資する社員の健康に関する事項において、戦略的にリソースを配分し、経営目的を達成させる」経営活動の一手法である。

で健康経営を定義することで、初めて自分たちの行う健康経営の方向性が決まるということです。つまり、経営者が健康管理を経営視点で行いたいとすれば、健康経営研究会の定義をそのまま使わせてもらえばよく、そうでない場合はその健康経営でやりたいことを定義することが、この活動を自社の経営戦略化できるということなのです。

◎健康とは何か

自社の健康経営の定義が決まったら、次に行うのは、「健康経営」の言葉の中で使われている「健康」を定義することです。いうまでもなく、経営の前に健康という言葉がついているのは、大きくは二つの意味しかありません。一つは、目的が健康、もう一つは手段が健康ということです。すでに自社の健康経営の定義が明文化されていたら、このどちらであるかは、決まっているはずです。ちなみに当社の場合は、後者です。仮に目的が健康である企業は、この健康の定義が、目指すゴールイメージと一致するはずです。一方、手段が健康の場合は、健康の定義が取り組むべき施策の領域（範囲）を規定することになるでしょう。

当社の場合は、この健康経営の健康の定義は、「WHO憲章」の健康の定義を採用していますが、必ずしもどこかの機関やアカデミアや権威が定義しているものを使う必要はありません。自分たちで「健康とは何だろう?」と腑に落ちるまで考えるプロセスが重要で、そのプロセスの中で自分たちが何のためにをするのかが明確になるのです。

多くの企業では、健康経営を実践していたとしても、この健康経営で「自分たちが何のために何をするのか」が明確でなかったり、明文化していなかったりします。その結果、活動のアウトカムや投資リターンが得られにくくなるので、このプロセスが健康経営の質を決めると言っても過言ではありません。

◎ゴールイメージは

健康経営と健康の定義が自分たちの中で決まっていれば、目的と手段がすでに決まっていますので、「これでやっと具体的な活動を考えることができる」と考えてしまいがちですが、急がば回れで、ここはもう少し立ち止まって、健康経営で得られるゴールイメージを固めましょう。

ゴールイメージには、多くのステークホルダー（経営者、担当者、社員等々）のコミュニケーションツールとしての役目もあります。健康経営の施策を社員に有無を言わせず強制する方法をとると決めているのなら、ゴールイメージの共有はあまり意味がないかもしれません。しかし、社員の自律的、もしくは自発的な行動をとおして健康経営活動を実施する場合、この活動を見える化し、多くのステークホルダーの人々の共感や共有意識を醸成することで、活動がスムーズにいくことが多くあります。

自社にとって健康経営がこれまでにない新しい概念の経営活動ならなおさらです。ゴールイメージなので、文章で作るなら、そのイメージが目に浮かぶような作り方が、よいゴールイメージの作り方ですし、絵で表現するというのも一つの手法です。

当社の場合、このゴールイメージは、図5－3のよう掲げています。

これだけでは、「活き活き」という状態に関するイメージが各人によって大きくばらつくことから、ここで使っている「活き活き」を定義して、当社の健康経営で目指す「活き活き」の状態をさらに明確化しています（図5－4）。

この定義を見るとわかるように、当社の目指す「活き活き」は3つの要素で成り立っているので、当社の健康経営の各施策は、この3つの要素のうちのどれかを今よりもさらによくするための施策となっています。

◎KPIは何か

ここまでで、自社の健康経営の目的や手段の範囲、そして実現するゴールイメージが明確になっていますので、次はこの活動のKPIを決めましょう。KPI

図5－3　ゴールイメージ（株式会社フジクラ）

［ゴールイメージ］　お客様からは感謝され、
社会からは高く評価され、
社員は活き活きと仕事している

図5－4　「活き活き」の定義（株式会社フジクラ）

1．仕事に誇り（やりがい）を感じ
2．熱心に取り組み
3．仕事から活力を得て活き活きしている状態

は、目的を達成しているのか、もしくはゴールイメージに近づいているのかを計測できることが必須要件です。仮にそういう計測可能な手段が世の中にない場合は、自分たちでその計測手段を開発して作るといいでしょう。こう書くと、「そんなこと自分たちは専門家でもないので無理！」という反応を多くいただきますが、世の中で普遍的なものとして作り上げる必要があるのではなく、あくまで自社や自分たちだけが納得するものであればいいので、それほど難しく考える必要はありません。言い換えると、自分たちが納得できささえすれば、ＫＰＩは何でもいいのです。

当社の場合は、ゴールイメージで用いている「活き活き」をＫＰＩとして毎年計測しています。

◎障害は何か

ＫＰＩが決まれば、やっと健康経営の施策の検討に入れます。検討の第一歩は、現状把握です。まずはＫＰＩの現状を計測し、そのＫＰＩをよりよくするために自社（自組織）にある障害が何かを把握する、もしくは考える作業を行います。このように書くと、単純で簡単に思えるかもしれませんが、実はここがもっとも大変な作業となります。つまり、作業自体はシンプルなのですが、考慮すべき範囲が広いのです。まずは障害になる可能性のある因子を網羅的に考えていくことから始めます。

当社の場合、「活き活き」を阻害する因子を網羅的に考えて、次にその中から健康経営の範囲で解消可能な因子に絞っていきます。さらに、この因子のＫＰＩに及ぼす影響度をレーティングします。

この作業がさらに複雑なのは、ある因子が特定されたとして、その因子の因子、そして、それを計測する手段等々、実際には多層かつ輻輳していることがほとんどであることです。私たちを取り巻く複雑な環境を紐解き、整理をしていくのに似ています。ここは辛抱して作業を進めましょう。

当社では、この作業を簡便化するためにさまざまなデータを一元管理し、分析することにより、まずあたりをつけて、その結果の解釈を人が行うようにしています。

◎障害を排除するには何が効果的か

障害の見える化ができれば、その階層構造及び因子の影響度も考慮されているので、取り除くべき障害の優先順位が自ずと決まってくるはずです。ここまでくると、次に考えるのは、その障害の程度を低減させるための施策の立案です。

網羅的にすべての因子について立案する必要はありませんが、主要な因子については、その解消手段とかかるコストと想定期待効果を定量していく必要があります。この作業のゴールは、どの施策にどの程度の投資をするのかを経営判断できるようにアウトプットを仕上げることが肝要です。ほとんどの企業では、これらの数字を基に経営会議等の会社の意思決定機関で、投資判断をすることになります。

◎効果は得られたか

さて、ここまで進めてくると、経営判断が下され、ある健康経営施策が実行に移されているはずですので、その効果の計測です。期待効果であげた効果をメインに評価することになりますが、その他のことに予想外に効果を発揮する場合もあるので、効果計測も網羅的分析的手法で行うほうがよいでしょう。この効果計測で重要なのは、なぜその効果が出たか、もしくは出なかったか、の解釈であり、この考察が各社の健康経営のノウハウになっていきます。

◎続ける仕組みを構築したか

最後に健康経営を続ける仕組みについてお伝えします。

健康経営を始めた後、活動が形骸化したりフェードアウトしてしまう企業が意外と多いことをご存知でしょうか。理由はいたって単純で、その活動が会社の中で仕組み化されていないことと、経営者や担当者が短期的な効果を期待しすぎて、成果が出ないと勘違いしてしまうことの2点です。

短期的な効果に関しては、前述の障害を取り除く施策を考えるときに期待効果を見誤ることはよくありますので、期待した効果が期待した期間で見えなかったときは、まずこの期待効果の算定が間違っていたのではないかと疑いましょう。仕組み化については、前述の「障害は何か」から「効果は得られたか」までの作業をルーティン化することです。ルーティンの構造上、このループを回すことで、最後退することはありません。しかるべき時間軸で見ると、必ずよくなるしかないループですので、最終的には必ず経営目標の実現に寄与することになります。

ただ、実現するには常にリソースを投入し続けることも必要です。ここが一番簡単にいかないところとも言えますが、仕組みだけではなく、やり続けるモチベーションを経営者と担当者がもつ必要があり、その効果的な仕掛けは各会社の文化や風土で異なります。

例えば製造業でのムダドリ活動や改善活動、安全活動等、これまで自社で脈々と続けてこられている活動を分析し、何が継続の肝なのかを研究して、その要素を健康経営の仕組みや仕掛けに組み込んでいくことが、近道である場合が多いことも付け加えておきます。

健康経営は、その名のとおり経営手法の一つです。つまり経営戦略ツールそのものなのです。これから健康経営を始める方々もすでに始めている方々も、決して健康経営自体を目的にしてしまわず、経営目的達成のための強力な戦略ツールとして健康経営を自在に使いこなしていかれることを大いに期待しています。

浅野氏は、日本における健康経営のパイオニアの一人であり、また開拓者として世の中への普及の道を拓いている伝道者です。また健康経営導入への平準化や研究、大学での教鞭もとられており、さらに歯に衣着せぬ発言で、多くの政府系委員を歴任し、社会的にもご活躍されています。

２０１９年４月から健康経営に関わる新しい研究所を立ち上げ、普及&研究に勤しみ、文化が違う国の海外支社への健康経営の普及にも取り組んでいます。大きな困難が予想される中での数々の取り組みから目が離せません。日本の健康経営が経営戦略としてグローバル対応する様子を、また今後の失敗談や成果を、ぜひ伺ってみたいものです。

おわりに　健康経営が当たり前の社会へ

経営戦略のトレンドから始まり、「健康経営」の歴史、「健康経営」と経営戦略、「健康経営」の投資リターン、最新の健康経営の取り組み事例まで、紹介して参りました。「健康経営」が経営の意思決定を必要とし、また経営マターであることが理解されたことだと思います。

最後に「健康経営」が当たり前の社会になるために、解決策または普及策として、現在取り組んでいること、またこれから取り組みたいことをいくつかご紹介します。

まず、本書の冒頭でご紹介したとおり、２０１９年3月現在9年ぶりに景気後退局面に入りそうな様相です。そのような社会情勢の中で、「健康経営」が社会に根付いていればいいのですが、取り組みが後退、または止める企業も現れてくることでしょう。

そこで、「健康経営」が普及するためには、第3章や第4章の実証と、学術・学問的確立が必要だと考えています。社会的にブームになっている「健康経営」の学術・学問的な確立とは、経営学の中で「健康経営」が認められ、論文や研究者が育つことだと考えています。経営学という学問の管轄は文部科学省であり、科学研究費補助金分配の学術分科会「分科細目表」によると「経営学」は、系：人文社会系、分野：社会科学、分科：経営学、細目名：経営学、キーワード：1（A）企業経営、

（B）経営組織、（C）経営財務、（D）経営情報 2（E）経営管理、（F）経営戦略、（G）国際経営、（H）人的資源管理、（J）技術経営、（K）企業の社会的責任、（L）ベンチャー企業、となります。

大学の講師は、一般的に「分科細目表」から専門領域を設定して、研究や学生指導（教育）を行っています。またノーベル賞を取るような研究のほとんども「分科細目表」から選ばれ、科学研究費補助金を受託し、研究しています。

こうした「分科細目表」の経営学の中のキーワードに「健康経営」が入る必要があると考えています。一度キーワードに入ると、研究者が現れ、また学生への指導の対象にもなりますので、ゼミナールで教育等も行われていくことと推察します。このようになると、前述のとおり「健康経営」の論文も増え、研究者も増え、正のスパイラルで学術・学問にも浸透していくことと思います。

そこで、本文で紹介した、私と学生とで行ってきた訪問研究を2019年の科学研究費補助金として申請しましたが、残念ながら採択されませんでした。今後、文部科学省が新しい研究領域として認めていただけることを期待しています。

また、大きな話ですが、私が研究で指導を仰いでいた恩師の故青井倫一氏（慶応大学名誉教授）は、日本の国力の課題として、産業界（実学）と学術界（経営学等）の乖離をあげていました。産業界のブームや社会現象を、経営学として研究する必要があり、学問として昇華していく必要がありますが、日本ではアメリカほど産業界と学術界の交流が盛んではありません。

そもそも社会系の学術は、産業界での事象を研究対象とするので、タイムラグが生じるのは仕方がないことですが、それでも産業界でタイムリーな話題、現在だと「健康経営」や「働き方改革」などありますが、論文として学術に昇華しないのは、いかがなものかと思います。また日本では、産業界から学術界への人の移動は多いのですが、その逆の学術界から産業界への移動は少ないそうです。昨今、産学共同が叫ばれ進んでいますが、アメリカに比べてまだ少ないのが現状です。

そこで、産業界でブームの「健康経営」や「働き方改革」を学術に昇華するために、また学術界と産業界の交流を生むため、「働き方・健康経営学会」を2020年までに設立することを目指します。このような産業界でのブームを取り上げた学会を設立すれば、登壇者や投稿者は、当然現在産業界で取り組んでいる人が多くなります。

ただ、産業界で働いているかたがたは、忙しいうえに論文を書いた経験がないので、ハードルがぐっと上がります。そこで、論文を2ページの簡単な形式にし、またWEBで受け付け、公開していこうと考えています。さらに、学術界の先生だけでは論文を投稿できない規定も作ろうと考えています。ただし、産業界との共著であればOKといたします。

これは産業界からたびたび聞かれることですが、取材さえしていない学術界の先生が、論文や本として産業界の取り組みを紹介することで、誤解が生まれていると不満を抱えている現状があるからです。もちろん、産業界側は、日常業務や決算等で忙しく、学術界からの取材をすべて受けることは不可能だと思いますし、私自身も会社員時代は断っていましたが、それでも学術界からの直接の取材が少ないのではないかと考えています。

私は２０１６年から学生と共に産業界の企業に「健康経営」で訪問研究を行っていますが、断られることはほとんどありません。多くの企業は「健康経営」を含む自社の取り組みを紹介したい、ＰＲしたい、リクルートに使いたい、イメージアップしたいと考えていると推測します。

ちなみに、第5章の事例は、すべて産業界で現在最前線で取り組んでいる皆様が執筆者になっています。

次に「健康経営」の普及を目指し、私の研究室である健康経営 新井研究室（Arai LAB）では、一般社団法人日本ヘルスケア協会（https://www.jahi.jp/）と共同で、「健康経営勉強会」と題し、無料でセミナーを開催しています。２０１９年は、大阪での初開催も含め年9回開催する予定です。ここでは「健康経営」を推進している経済産業省等官庁から講師を迎えたり、産業界で先進的に取り組んでいる企業を訪問したりしています。これから「健康経営」に取り組もうとする経営者や担当者から、「健康経営優良法人」認定を受けたが推進がうまくいっていないと感じている経営者や担当者まで、「健康経営銘柄」を取得してさらなる高み、つまり自社の戦略として昇華を目指し、ご参加いただきたいと考えています。

健康経営 新井研究室　https://www.facebook.com/AraiLabo/

健康経営勉強会　https://eventregist.com/p/JTVMqSCKFwJV

最後に、「健康経営銘柄」はじめ、「健康経営優良法人ホワイト５００」や「健康経営優良法人大規模法人部門」「健康経営優良法人中小規模部門」は、2020年にはさらに多くの企業が認定されることと思います。課題はありますが、第2章でふれた「ブームの理由」のとおり、2020年には上場企業で3分の1（約1200社）、中小規模法人では健康経営エキスパートアドバイザーの活躍により1万社近くの企業が認定されるのではないかと推測します。

「健康経営」に取り組んでいない企業は時代遅れという風潮が数年以内に起きるのではないでしょうか。そんな未来を想像しています。そのような企業が増えれば、今働いている従業員も、これから働く学生や子どもたちも、これから生まれてくる赤ちゃんも、健康に、元気に、生涯を過ごせるようになるのではないかと期待しています。

新井　卓二

【参考文献】
・森晃爾、永田智久、奥真也『よくわかる「健康会計」入門―社員と会社を元気にする』、法研、2010年。
・田中滋、川渕孝一、河野敏鑑編著『会社と社会を幸せにする健康経営』、勁草書房、2010年。
・井上俊明『先進10事例に学ぶ「健康経営」の始め方』、日経BPコンサルティング、2014年。

・古井祐司『社員の健康が経営に効く』、労働調査会、2014年。
・大和総研経営コンサルティング本部編『人材マネジメントの大転換「健康戦略」の発想と着眼点』、中央経済社、2014年。
・古井祐司『会社の業績は社員の健康状態で9割決まる』、幻冬舎、2015年。
・「時代は「健康経営」 エクセレントカンパニーの新条件」『日経ビジネス』2015年6月15日号。
・岡田邦夫『「健康経営」推進ガイドブック』、経団連出版、2015年。
・岡本和士、高山光尚『はじめの一歩は自社を知る事~企業の健康度を見える化し職場を活性化~健康経営はじめの一歩』、BookWay、2016年。
・リンダ・グラットン、アンドリュー・スコット、池村千秋訳『LIFE SHIFT（ライフ・シフト）―100年時代の人生戦略』、東洋経済新報社、2016年。
・尾形裕也「健康経営におけるコラボヘルス」『エルダー』2017年8月号、独立行政法人高齢・障害・求職者雇用支援機構。
・稲田耕平、阿藤通明、坂野祐輔『この1冊ですべてがわかる！ 健康経営実務必携』、日本法令、2017年。
・岡田邦夫、山田長伸『なぜ「健康経営」で会社が変わるのか―判例から学ぶ、健康に配慮する企業が生き残る理由』、法研、2018年。

・吉岡拓也、根本大介ほか『実践健康経営―健康的な働き方への組織改革の進め方』、日本能率協会マネジメントセンター、2018年。
・金城実『日本一わかりやすい健康経営―超人手不足社会でも会社が強く、元気になる初めての実践ガイド』、プレジデント社、2018年。
・森晃爾『改訂版 企業・健保担当者必携!! 成果の上がる健康経営の進め方』、労働調査会、2019年。
・森永雄太『ウェルビーイング経営の考え方と進め方』、労働新聞社、2019年。
・似内志朗、齋藤敦子、重綱鉄哉ほか『健康経営とワークプレイス―働く人と経営を元気にするファシリティマネジメント』、公益社団法人日本ファシリティマネジメント協会、2019年。

謝辞

まず、刊行にあたり助成金を配分いただいた法政大学研究開発センターに感謝申し上げます。

次に、この本の基になる論文での共著者である大阪大学院工学部 上西啓介教授、またいつもご指導いただいている公益財団法人流通経済研究所 上原征彦理事にも感謝の意を表します。

そして、第5章の最新の事例にご協力いただき執筆いただいた株式会社富士通ゼネラル佐藤光弘氏、ヤフー株式会社川村由起子氏、ＳＣＳＫ株式会社杉岡孝祐氏、株式会社フジクラ浅野健一郎氏は、自社の取り組みをご紹介いただき感謝申し上げます。また第3章や第4章において貴重なデータをご提供いただいた株式会社大京塙和久氏にもあわせて感謝申し上げます。

また「健康経営　新井研究室」において、毎年学生を受け入れていただき、講演でもお世話になっている経済産業省 政策統括調整官 江崎禎英氏、「健康経営」へのきっかけをいただいた経済産業省課長補佐（現在は厚生労働省所属）藤岡雅美氏にも感謝いたします。さらに、研究室において訪問させていただき、またアンケートにも多数ご協力いただいた各企業（２０１６年から毎年経済産業省、フジクラ、ルネサンス、協会けんぽ東京支部、２０１７年はローソン、アサヒ飲料、オムロンヘルスケア、ＳＣＳＫ、DeNA、全日本航空、ヤフー、東急電鉄、２０１８年は富士通ゼネラル、日本航空、FiNC、サッポロホールディングス、大京、ベネフィットワン、ベネフィットワンヘルスケア、ミズノ、ダスキン、２０１９年は凸版印刷、保健同人社、ＮＳＤ、ソネットメディアネットワークス、ワコール、堀場製作所、アシックス、バンドー化学）のご担当者にも感謝いたします。

学生への指導や訪問研究にご参加いただいた、昭和女子大学 磯野彰彦教授、私が所属しさまざまな機会をいただく山野美容芸術短期大学 木村康一副学長、大野淑子教授、そして訪問研究に参加いただいた大学生にも感謝申し上げます。

最後に、本の執筆にあたりさまざまな助言をいただき、講演で登壇の機会をくださった日経ＢＰ社三浦豪紀氏、講演や取材等でお世話になったＵＢＭジャパン岸剛司氏、ＭＳ＆ＡＤインターリスク総研森本真弘氏、そして健康経営産業部会でもお世話になっている日本ヘルスケア協会常務理事佐藤聖氏にも感謝申し上げます。

読者の皆様には近いうちに講演、あるいは次の本でお会いできることを楽しみにしています。

２０１９年8月　新井　卓二

玄場　公規

新井　卓二（あらい　たくじ）

山野美容芸術短期大学 特任教授
株式会社VOYAGE 代表取締役
一般社団法人日本ヘルスケア協会 健康経営推進部会 副部会長

明治大学商学部卒業後、経営学修士を取得し、大阪大学大学院工学研究科博士課程に在籍。その間、証券会社勤務を経て、株式会社VOYAGEを起業。研究者として明治大学ビジネススクールTA、昭和女子大学研究員、山野美容芸術短期大学講師などを経て現職。「健康経営 新井研究室」を主宰し、経済産業省等官公庁ほか、健康経営で先進的な企業を招き勉強会等を開催。また健康経営企業への学生訪問プロジェクトも開催し普及に努める。「『健康経営』の投資対効果の分析」等健康経営の論文多数。
新井研究室＜https://www.facebook.com/AraiLabo/＞

玄場　公規（げんば　きみのり）

法政大学大学院 イノベーション・マネジメント研究科　教授
大阪大学 工学研究科　招聘教授
立命館大学　グローバルMOT研究センター　客員教授

東京大学工学部卒業、東京大学大学院工学系研究科修士課程修了後、三和総合研究所研究員を経て、東京大学大学院工学系研究科博士課程修了（博士〔学術〕）。東京大学大学院工学系研究科アクセンチュア寄附講座助教授、芝浦工業大学大学院工学マネジメント研究科助教授、立命館大学大学院テクノロジー・マネジメント研究科教授、スタンフォード大学客員研究員などを経て現職。『イノベーション戦略入門』、『後継者・右腕経営者のための事業承継7つのステップ』など著書多数。
研究室＜https://gemba-laboratory.jp/＞

■執筆協力（掲載順）
- 株式会社富士通ゼネラル 健康経営推進室 室長　佐藤光弘
- ヤフー株式会社 グッドコンディション推進室　川村由起子
- SCSK株式会社 ライフサポート推進部 副部長　杉岡孝祐
- 株式会社フジクラ CHO補佐、株式会社フジクラ 健康社会研究所 代表取締役　浅野健一郎

組　　版　森　宏巳
装　　幀　株式会社クリエイティブ・コンセプト
校　　正　竹中龍太

経営戦略としての「健康経営」
従業員の健康は企業の収益向上につながる！

2019年10月31日　第1刷発行

編　著　　　新井　卓二、玄場　公規
発行者　　　山中　洋二
発　行　　　合同フォレスト株式会社
郵便番号　101-0051
東京都千代田区神田神保町1-44
電　　話　03（3291）5200　　FAX　03（3294）3509
振　　替　00170-4-324578
ホームページ　https://www.godo-forest.co.jp
発　売　　　合同出版株式会社
郵便番号　101-0051
東京都千代田区神田神保町1-44
電　　話　03（3294）3506　　FAX　03（3294）3509
印刷・製本　新灯印刷株式会社

ISBN 978-4-7726-6146-1　NDC336　188×130